U0959520

[英国]彼得·索恩曼 著　陈恒 李腊 译

希腊化时代

牛津通识读本·

The Hellenistic Age

A Very Short Introduction

译林出版社

图书在版编目（CIP）数据

希腊化时代 /（英）彼得·索恩曼（Peter Thonemann）著；陈恒，李腊译．
—南京：译林出版社，2022.1（2023.11 重印）
（牛津通识读本）
书名原文：The Hellenistic Age: A Very Short Introduction
ISBN 978-7-5447-8869-4

Ⅰ.①希… Ⅱ.①彼… ②陈… ③李… Ⅲ.①文化史
-研究 -古希腊 Ⅳ.①K125

中国版本图书馆 CIP 数据核字（2021）第 204824 号

The Hellenistic Age: A Very Short Introduction, First Edition by Peter Thonemann
Copyright © Peter Thonemann 2016, 2018
The Hellenistic Age: A Very Short Introduction was originally published in English in 2018. This licensed edition is published by arrangement with Oxford University Press. Yilin Press, Ltd is solely responsible for this bilingual edition from the original work and Oxford University Press shall have no liability for any errors, omissions or inaccuracies or ambiguities in such bilingual edition or for any losses caused by reliance thereon.
Chinese and English edition copyright © 2021 by Yilin Press, Ltd
All rights reserved.

著作权合同登记号 图字：10-2020-133 号

希腊化时代 ［英国］彼得·索恩曼／著 陈 恒 李 腊／译

责任编辑 陈 锐
装帧设计 景秋萍
校 对 戴小娥
责任印制 董 虎

原文出版 Oxford University Press, 2018
出版发行 译林出版社
地 址 南京市湖南路 1 号 A 楼
邮 箱 yilin@yilin.com
网 址 www.yilin.com
市场热线 025-86633278
排 版 南京展望文化发展有限公司
印 刷 江苏扬中印刷有限公司
开 本 890 毫米 ×1260 毫米 1/32
印 张 8.625
插 页 4
版 次 2022 年 1 月第 1 版
印 次 2023 年 11 月第 3 次印刷
书 号 ISBN 978-7-5447-8869-4
定 价 39.00 元

版权所有·侵权必究
译林版图书若有印装错误可向出版社调换。质量热线：025-83658316

序　言

吴晓群

如今，“全球化”早已经不是一个新名词了，今天的人们无论是拥抱还是排斥，它都已成为一个不容否认的事实。“全球化”在本质上就是一种变化，变化无时无刻不在发生，唯有变化是恒定不变的。

历史上，超越国界、洲界且各方面互动持续时间长达近三百年的大变化，当数两千年前的希腊化时代。在那段近三百年的时间里，希腊人和东方各民族杂居在一起，各方都发生了复杂的社会和文化变革。环地中海沿岸的各民族，通过彼此观念的相互交流，调整与融合成了一种新的文明。可以说，希腊化时代的文化既是对古典希腊文化的发展和延伸，也是对东方文化的吸纳与利用。希腊化时代作为东西方文明大交流的时代，也是人类观念急剧转变的时代。这是人类历史上第一个文化大碰撞、大汇合的时代，甚至有学者认为，希腊化时代是人类历史上第一个“全球化”时代。

在此，我们不对该提法做概念上的追究，但那个时代思想与文化的丰富性及复杂性却是为学界所公认。“描述希腊化文明丰富多彩的面相”，将“这个极其多样化的新世界”作为写作的对象，也正是这本《希腊化时代》的作者彼得·索恩曼想要做的事情。然而，如何在一本仅有百页左右篇幅的小书中完成这样一项任务，不能不说是一个很大的考验。

在西方，有关希腊化时代的历史著述不少，其中多为艰深的学术著作，而这一本则属于通识类读物，是“牛津通识读本”系列之一。作者彼得·索恩曼是牛津大学古代史副教授，在瓦德汉姆学院主讲希腊和罗马史。但他更有名的著作是2012年获得朗西曼奖的《梅安德河谷：从古代到拜占庭的历史地理》，他还与西蒙·普莱斯合著了企鹅欧洲史系列中的《古典欧洲的诞生：从特洛伊到奥古斯丁的历史》。此外，索恩曼还定期为《泰晤士报文学副刊》撰写有关希腊和罗马历史文化方面的文章。通过以上简短的介绍，基本上可以看出，索恩曼既是一位有着严谨专业背景的历史学家，同时又是一位热衷于向大众传播学术知识的通识作家。前一重身份保证了其内容的严谨和准确，后一重身份则要求其文笔通俗易懂。

这本《希腊化时代》恰好体现了这两重身份的完美结合。彼得·索恩曼以专业的眼光，生动的笔触，深入浅出地将一个多样且丰富的希腊化时代立体地展现在读者面前。

首先，作者从索里的克莱尔库斯铭文入手，想象一个名叫克莱尔库斯的小男孩曾做过一场开始于塞浦路斯海岸，结束于巴克特里亚的漫长旅行。我们知道，在公元前275年前后，亚里士多德学派的一位著名人物，哲学家索里的克莱尔库斯（Clearchus of Soli）的确曾从希腊来到今天阿富汗的阿伊哈努姆城访问，在这座今天唯一一个被发掘出来的两河流域以东的希腊化时代的希腊城市中，他在基里阿斯王陵墓的一根石柱上留下了著名的德尔斐箴言中的一段文字。克莱尔库斯之所以能够进行这样的旅行，完全得益于希腊化时代东西交通的便利和人员往来的频繁。索恩曼以一场想象中的旅行开始他的叙述，这样的阅读体验让读者犹如在向导的带领下进行了一场跨越时空的文化之旅。

随后，在解释“希腊化”这一概念的由来时，索恩曼先学术性地介绍了德国学者德罗伊森及其代表作《希腊化史》以及由此引发的学术讨论，但他并未过多铺陈，而是迅速转向读者，清楚地提醒他们，想要了解这个时代，需要明白自身的阅读立场究竟是“以希腊人与非希腊人之间的文化融合为特点来看待希腊化，还是以殖民主义和种族隔离为特点来看待希腊化”，并将有没有一个“统一的”希腊化世界作为一个问题提出。这样的写作思路等于帮读者梳理出了理解希腊化时代最重要的问题意识，同时也提供了可能的解读路径。

在材料的处理上，索恩曼对希腊化时代留给后世的丰富材料予以肯定，认为抱怨这一时期文献的缺乏是一种“无病呻吟”。索恩曼指出，除了的确不算令人满足的叙事史外，尚可借助其他材料，如官方档案、私人信件、商业契约、学生习题、隐修日记、神庙记录、石刻铭文以及大量的实物证据等，来展示当时国家机制的运作、商业经营及管理、普通人的日常生活和精神面貌诸多方面，并由此得出结论：后世对“希腊化历史的了解要远远超过古风时代或古典时代的希腊世界”。正是基于材料的丰富性，作者证明了自己从多方位叙述希腊化时代的历史与文化的合理性。

在主体叙述中，索恩曼基本上是以重要人物（包括军阀、国王、学者等）为主线，串联勾勒出希腊化时代丰富多样的地理环境与风土人情、复杂多变的王朝发展与政权更替、东西交流中的民族冲突与融合、政治格局的合纵互动与利益变化、城市规划与建设、学术成就与科学研究、图书收藏与学派兴衰、文化传播与艺术创作，以及人们的生活方式，等等。由此，作者从动态而非静态的角度，生动而又形象地将希腊化时代波澜壮阔的文明画卷徐徐展开，在有限的篇幅里，揭示了希腊化时代文化与历史“惊人的多样性和复杂性”，将这一段“人类历史上短暂而美妙的时刻”以一种活泼清晰而又准确深入的笔法呈现在读者眼前。这样的写作风格，可以说既体现出作者深厚的学养和专业水准，也凸显了其独特的问题视野与思想方法。

当然，索恩曼对希腊化时代文明繁杂多样性的呈现，也体现出20世纪后半叶学界在希腊化时代研究中的一种新趋势。这种新的研究视角将希腊化文明的成就和价值归于希腊-马其顿人和近东非希腊民族的共同创造，而非希腊文化的单纯传播，从而修正了19世纪和20世纪上半叶学术圈内对希腊化王朝臣属民族文化的忽略。

事实上，无论学界对此有着怎样的不同意见，只要人们仍然把“希腊化时代”或“希腊化世界”这些表示这一时空范围的概念作为历史发展进程中的一个单位或名称，也就是承认了希腊化文明是多元性与统一性的结合。当然，其中也充满了种种张力和冲突，甚至有着其自身所无法克服的难题。

应该说，两者间的交融，既超越了古代东方，也超越了古典希腊。由此而形成的希腊化文化并不是一种简单的“合并”，双方是在互动的基础上相互包容，从而形成了一种新型的堪称世界主义的文化模式。这种普世性不是通过减法和强行统一思想，而是通过加法和日趋混同而得以运行。这一前所未有的文化模式首次揭开了欧亚非大陆间文化交流、汇合的序幕，在世界文化发展史上具有承前启后与继往开来的意义。

如同希腊化时代所呈现出来的面貌一样，当今世界也有着对一体化的诉求与多样性存在的现实，只是今天的发展更进一步地显示出，世界已不再允许西方文明的单独发展或东方文明的孤立存在。无论我们愿意与否，事实上人类正在进入一个群体生活的新阶段，这是一个更加重大的时代转换期，作为一个整体，人类将更加不再被地理环境所阻隔，也不必然为文化、民族及宗教等观念所遮蔽。这或许是今天我们读《希腊化时代》一书所自然产生的联想和进一步的期望吧。

本书的中文版由陈恒教授领衔翻译（陈恒译第一、二、三章，李腊译第四、五、六章）。陈恒教授长期以来耕耘于希腊化研究领域，是国内该领域内的权威专家之一，他以专业而又流畅的译笔将这本《希腊化时代》介绍给国内读者，既拓展了中文学界对希腊化时代的研究视角，又让大众对这一时代有了生动形象的了解，可谓功莫大焉。

是为序。

2021年10月1日于湾谷

目　录

前 言

马其顿征服亚洲后的三个世纪，即从亚历山大大帝之死（前323年）到埃及托勒密王朝覆灭（前30年）这段时间，或许是古代史各时期中最扣人心弦的时代。我将在这本小书中尽力描述希腊化文明丰富多彩的面相，从亚历山大里亚图书馆和缪斯宫到人烟稀少的阿富汗殖民边境地区。希腊人在东方的冒险故事是人类历史上最伟大的传奇之一，我希望本书会激励一些读者去做进一步深入研究。推荐的一些扩展阅读书目附在书后。

希腊化世界涉及的地理区域非常广泛，从西地中海世界一直延伸到兴都库什，阅读随后附上的地图或许有助于读者确定方位。

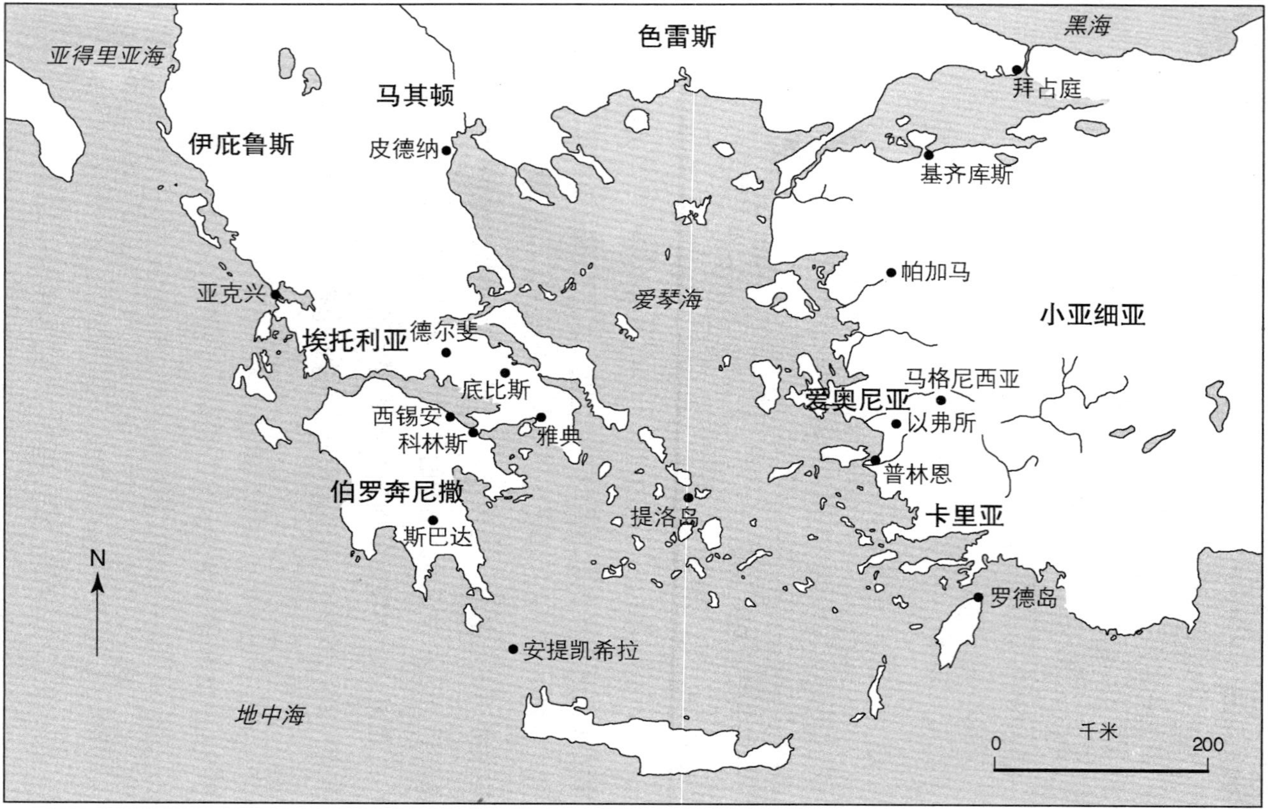

地图1　希腊化时期的爱琴海地区

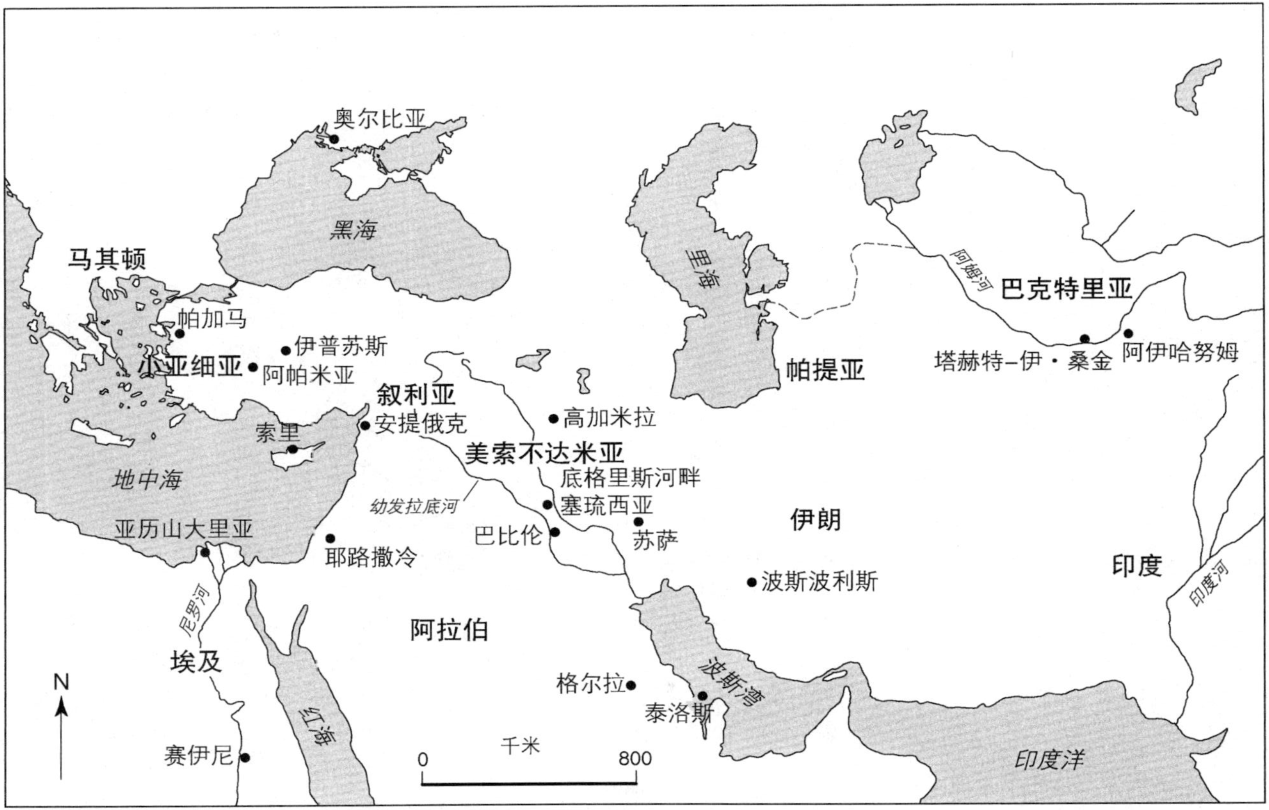

地图2　希腊化时期的近东地区

第一章

希腊化的概念

来自索里的人

我们可以想象一下，大约公元前350年，一个男孩在塞浦路斯的希腊小城索里出生。像其他3 500万人一样，这个小孩作为伊朗国王的臣民长大，这位国王是波斯的阿塔薛西斯三世，“万王之王、万方之王”，犹太人、巴比伦人、伊朗人、埃及人和希腊人（尽管事实上并不是全体希腊人）的统治者。有两百年历史之久的波斯帝国，疆域从爱琴海岸一直延伸到喜马拉雅山麓，本应看起来是稳如天的。

当这个男孩——我们不妨称之为克莱尔库斯——成年时，他所生活的世界发生了剧烈变化。公元前334年春，年轻的亚历山大大帝率领马其顿军队进入亚洲。不到两年时间，塞浦路斯就落入亚历山大囊中，公元前331年秋，随着波斯国王大流士三世败于高加米拉战役，阿契美尼德国王的波斯帝国就烟消云散了。

当亚历山大的军队行军至亚洲腹地时，克莱尔库斯则向西航行到雅典，在亚里士多德的吕克昂学园研习哲学。他访问了德尔斐阿波罗神殿，仔细地抄录了神谕（“认识你自己”“朋友的
1 事就是自己的事”）。他开始写作，记述正在形成的神奇的新世界：犹太人的宗教、印度的智慧、波斯的祭司。由于后来的作家保存了一些引文，我们仍然可以读到克莱尔库斯遗失的哲学著作中的一些残篇，如《论教育》《论阿谀》《论友谊》，以及其他一些作品。

公元前323年夏，“世界之王”亚历山大殒命于巴比伦。随后几个月，亚历山大帝国就在几位麻木不仁的马其顿将军手中分裂为几个区域性的辖区：托勒密在埃及，安提帕特（后来的卡山德）在马其顿，帕迪卡斯（后来的安提柯）在亚洲。不过，对于这位好奇的年轻人而言，世界正在向他敞开。索里的其他年轻人已经在希腊人的新世界过上了他们无法想象的生活：索里的斯塔萨诺作为统治者（总督）统治着伊朗东部的德兰吉亚纳，海军将领索里的希罗已经探险到红海的阿拉伯沿岸，远至霍尔木兹海峡。

正是在公元前3世纪开始的前几年，这位索里人出发前往东方世界。从叙利亚到中亚的所有土地，都由亚历山大继业者中最伟大的人物“征服者”塞琉古一世统治着。克莱尔库斯从叙利亚海岸向东骑行到幼发拉底河；然后顺河直到塞琉古的新首都——底格里斯河畔塞琉西亚，这是现代巴格达南部地区一天的旅程。他跨越了扎格罗斯山脉，沿着伊朗沙漠北部边缘行走，这条漫长而尘土飞扬的道路通达世界的尽头：位于阿姆河边的伟大要塞阿伊哈努姆，在现代阿富汗的东北部深处（见第五章

中的描述)。

克莱尔库斯在这里发现了一个小规模的希腊人团体,他们在距离德尔斐5 000英里远的兴都库什雪山下修建新城。这座城市里有一座希腊剧场和一座希腊体育馆;在阿伊哈努姆的皇宫宝库中还有残存的莎草纸,上面有亚里士多德遗失著作的部分残篇。克莱尔库斯接下来去了哪里,我们只能靠猜测了:或许 2
他跨越了山脉进入印度,也许长途跋涉返回到地中海世界。不过,他在阿伊哈努姆的石头上留下了自己的印记。在该城的奠基者塞萨利的基尼阿斯王的墓地建筑群里,克莱尔库斯竖立了一根石灰岩柱子,上面镌刻有古希腊七贤的格言,这些格言是他三十年前在德尔斐勤勉复制的:"作为孩童,举止优雅;作为青年,自我克制;到了中年,公平正义;处于老年,睿智顾问;弥留之际,则无悲伤。"他在柱子基石上镌刻了如下的警句:

> 这是那些著名老者的睿智警句,
> 它们在神圣的皮托(德尔斐)被奉为神圣。
> 克莱尔库斯仔细复制了这些警句,并把它们
> 带到这里,镌刻在石柱上,在基尼阿斯的疆域内熠熠生辉。

这块石碑存留至今,虽因游牧民族入侵遭到了些许破坏,但字母还是像当初刻写时一样清晰细腻(见图1)。自2006年以来,作为喀布尔博物馆全球珍宝巡展的一部分,这块石碑甚至比克莱尔库斯游行得更远:它在巴黎的吉美博物馆和伦敦的大英博物馆得到了展出,2017年又在北京的故宫博物院度过了夏天。

图1　位于阿伊哈努姆的索里的克莱尔库斯铭文

4

假如博物馆保安长时间不注意的话，你便可以让自己的指尖略过“克莱尔库斯”的名字，回想那与众不同的人生：开始于塞浦路斯海岸，（或许）结束于巴克特里亚刺眼的阳光之下。这就是希腊化时代的生活，假如那里确实存在过此类生活的话。

“希腊化”时代？

古代、中世纪、近代早期；弗拉维罗马、都铎英格兰、“光辉三十年”；古风时代、古典时代、希腊化时代。历史“分期”是一种钝器，但是如果没有分期，我们根本无法谈论往昔。今天人们通常把古代希腊史分为四个时期：古风时代（约前800年至前500年）、古典时代（前500年至前323年）、希腊化时代（前323年至前30年）和罗马帝国时代（前30年——粗略地说——至公元284年）。如此随意定义的希腊化时代的历史，即是本书的 3
主题。

像古代史上的大多数时代一样（“青铜时代”“公元前5世纪”“古代晚期”），“希腊化”的概念也是现代的发明。这个词本身实际上源自《圣经》“使徒行传”的一个段落，耶稣的犹太追随者被划分为“说希腊语的”和“说希伯来语的”，这两个词语大概只是指他们选择所说的语言（希腊语或希伯来语）。现代早期的《圣经》学者认为，犹太人的希腊语使用了一种特殊的希腊方言，即“希腊化语”，这在《新约》和《七十子圣经》里的希腊语中得到了体现。

德国学者约翰·古斯塔夫·德罗伊森（1808—1884）最早使用了“希腊化”这一术语，所指的不仅仅是一种希腊方言，而是地中海文明中的一个完整时代，这一时代开始于公元前4世纪晚期（前334年至前323年）亚历山大大帝对亚洲的征服。在亚历山大征服的时代，德罗伊森写道：

> 东西方的融合已经到了瓜熟蒂落的时候，接下来双方很快都出现了发酵与转变。公众生活的新觉醒导致了前所未有的新发展，无论是在国家层面、知识领域，还是在商业、艺术、宗教、道德层面都是如此。让我们用“希腊化”这一词语来描述这个新的世界历史概念。希腊文化在主宰东方世界生活的同时，也丰富了它，从而创造了希腊化，在这种文化中，亚洲和希腊的异教——实际上是全部古代本身——注定达到顶峰。

对德罗伊森来说，这种东西方杂交的最终结果是基督教本身。亚历山大对东方的征服——希腊化世界的整部历史——在基督教信仰上达到了顶峰，这是一种典型的“希腊化”宗教，诞
5 生于希腊精神与东方精神的融合。幸运的是，德罗伊森的著作并非完全充斥着这种模糊不清的神秘主义：他那庞大的、没有完成的《希腊化史》，在极大程度上是一部涉及公元前323年至前222年间的严肃政治史。

无论好与坏，德罗伊森这个术语变得流行了。在当今，“希腊化”这一词语不仅用来指历史时期（希腊化时代），而且用来指地理区域（希腊化世界）。此外，这一术语也被用来指代所有符合这一区域、这一时期典型特征的文化现象，诸如希腊化王朝、希腊化诗歌、希腊化雕塑、希腊化宗教等。

通常来说，希腊化世界处于北纬25度至45度之间欧亚非大

陆西部相对狭窄的温带地区，从西面的亚得里亚海和利比亚到东部的喜马拉雅山——大致说来，这些土地是亚历山大大帝在公元前323年殒命时所统治的地区。这个地区包括整个地中海东部地区、黑海、埃及和黎凡特、美索不达米亚、伊朗高原以及接近兴都库什北面和南面的土地。从公元前4世纪到公元前1世纪，所有这些地区要么是说希腊语的地区，要么是由说希腊语的王朝统治着的地区。历史学家有时会提到希腊化的迦太基、希腊化的阿拉伯，甚至希腊化的印度，目的在于凸显这些边远地区和“核心”希腊化世界之间的文化联系；不过，大多数人认为，希腊化爱尔兰或希腊化中国这种概念是有悖常理的。

现代有关希腊化时代的历史著作大多数开始于公元前323年，即亚历山大大帝去世时开始的，结束于公元前30年，即屋大维把托勒密埃及并入罗马帝国的那一年。起点很明显。亚历山大在公元前334年至前323年间对阿契美尼德波斯帝国快速的、暴力的、戏剧般的征服是极其重要的地缘政治事件，建立了马其 6
顿人对幅员辽阔的西亚地区的统治。伴随亚历山大征服而来的希腊文化的“全球化”，或许是“希腊化”时代区别于早期希腊历史各个时期最好的理由。

在这个时期末，事情就没有那么清楚了。那些位于欧洲、非洲和亚洲的马其顿的主要继业者王国，在西部面临罗马的扩张，东部面临帕提亚的扩张，最终都土崩瓦解了，但是这一过程非常冗长且较为混乱。马其顿本身早在公元前146年就成为罗马的一个行省，但埃及的托勒密王朝则一直延续到公元前30年，一些小的希腊化国家（比如东克里米亚的博斯普鲁斯王国）在罗马帝国时期仍然存在了很长一段时间。因此坦率地说，希腊化晚期的当代历史研究有点混乱。公元前146年以后的马其顿史通常被当作罗马史的一部分来处理，尽管在大多数方面，“早期罗马帝国的马其顿”与亚洲的晚期希腊化王国之间的共同点，要多于与罗马帝国的西班牙。

就如我们预期的那样，“希腊化文化”是一个极其模糊的概念。德罗伊森此处“融合”的观念仍旧焕发着幽灵般的影响。可以肯定的是，希腊化时代是希腊语民族向埃及、亚洲大规模移民的时代，希腊语、希腊生活方式、希腊城邦制度也广泛地传播到被亚历山大所征服的非希腊语地区。不过，我们是以希腊人与非希腊人之间的文化融合为特点来看待希腊化，还是以殖民主义和种族隔离为特点来看待希腊化，这仍然是一个激烈争论的问题。

我们可以说一个“统一的”希腊化世界吗？与公元前5世纪或公元前4世纪的任何王国相比，塞琉古、安提柯、托勒密和阿塔利德王权彼此之间拥有更多的共同点；罗马帝国的东部行省实际上不同于先前这里的希腊化王国，尽管并没有你所认为的
7 那么不同。从希腊到恒河流域处处都留下了独特的新艺术风格（个性化的肖像、现实主义题材、“希腊化时代的巴洛克风格”）的痕迹，新的“东方”崇拜（诸如埃及神祇伊西斯和塞拉皮斯崇拜）在希腊语世界也非常流行。

这就是说，我们不应该让“希腊化”这个概念制约我们。但要想对这一概念进行有意义的归纳概括是困难的，比如说希腊化家庭或希腊化经济，更不用说希腊化美学或与众不同的希腊化“世界观”。不过，确实很容易把一个人为的共同体强加在希腊化世界，只要武断地把那些不符合我们先入之见的所谓希腊

化世界“真实状况”的民族和文化排斥在外。公元前3世纪西西里的希腊城市在这个时期的大多数历史中并不受重视（太靠西了），帕提亚诸王也是如此（太伊朗了），青铜时代的欧洲各个民族同样如此（太野蛮了）。写于公元前200年左右的传道书，也并没有被当作希腊化时代的文献来看待（太犹太了）；用拉丁语模仿希腊史诗的恩尼乌斯的《编年纪》也是如此，作者所用的语言是南意大利的奥斯坎方言（太罗马了）。大体来说，希腊化世界就是我们自己定义的。

书写希腊化史

有关希腊化世界的书籍大多数一开头就抱怨这一时期文献的状况。这是无病呻吟。几乎就所有标准而言，我们对希腊化历史的了解要远远超过古风时代或古典时代的希腊世界。

我们对古代世界有关希腊化王朝的叙事史了解得并不多，这是事实。西西里的狄奥多罗斯的《历史丛书》第18—20卷记述了公元前323年至前302年间的亚历山大帝国的分裂，传记作家普鲁塔克（约45—120）《希腊罗马名人传》中的几位早期的希腊化时代人物传记则进一步补充了相关内容。公元前220年 8
至前145年间罗马兴起为世界霸权的过程，是由麦加罗波利斯的波里比阿（约前200—前118）的卷帙浩繁的40卷本历史描述的。波里比阿的著作只有前五卷完整地保存下来，不过很多遗失的部分可以在李维的《罗马史》第31—45卷中重新构建，李维的著作大量使用了波里比阿的那些遗失的叙事。众所周知，希腊化时代的犹太人历史是丰富的，而且有与特定事件相关的细节：“马加比一书”“马加比二书”（《圣经新约外传》的部分内容）提供了一个有关公元前160年代犹太人起义反抗塞琉古统治的扣人心弦的同时代叙事，约瑟夫斯的《犹太古史》（1世纪）第11—12卷是有关希腊化时代犹太教的主要信息来源。

公元前3世纪的政治史和军事史是巨大的知识空白，因为这方面可靠且连续的叙事没有存留下来。公元前3世纪的“核心”历史叙事在很大程度上仍旧是极其不清晰的：公元前280/279年[①]，在安条克一世和托勒密二世之间是否发生了一场“叙利亚继承战争”；我们并不知道科斯战役是发生在公元前262年还是公元前255年；塞琉古王朝失去了伊朗南部地区，我们唯一知道的是，这肯定发生在公元前280年到公元前2世纪早期这段时间内。

但是，叙事史并不是一切，希腊化历史学家还是在各种让人震惊的档案证据中得到了充分的补偿。托勒密埃及的沙漠保存了成千上万的官方和文学莎草纸，揭示了托勒密国家的内在运作机制，其细节的详细程度对任何更早的地中海社会而言都是无法想象的。公元前3世纪中期，一位托勒密埃及的低级财政官吏考诺斯的芝诺给我们留下了一个两千多份的巨大商业档案，大部分与法雍绿洲私人大地产的经营管理有关。法雍位于现代埃及的南部。莎草纸还为我们提供了了解托勒密王朝普通人的日常生活和精神状态的便捷途径。我们可以阅读私人信件、离
9 婚契约、学校习题，甚至可以看到希腊隐士古怪的梦日记，以及孟菲斯的塞拉皮斯神庙的两个埃及双胞胎小姑娘的梦日记：

---

① 雅典年份大约从仲夏到第二年仲夏，因此后人时常并不清楚一个特殊的事件究竟发生在希腊年份的哪一个部分，因此有了这种年份标示的概念，即公元前280/279年。全书同。——译注

> 帕肯月第17天，双胞胎中的一个叫泰斯的女孩做着梦。在梦中，我似乎正沿着街道走下去，数了九栋房屋。我想返回。我说："这就是全部，最多九栋。"她们说："哎呀，你可以走了。"我说："对我来说有点晚了。"
>
> 帕肯月第25天，托勒迈奥斯在月亮节的梦。我看到泰斯高兴地用甜美的声音在大声歌唱；我也看到泰斯在笑，她的脚大且干净。

除了极少数情况之外，莎草纸一般只承载着托勒密埃及的内部历史。在希腊化世界其他地方，我们拥有大量的文献形式是石刻的希腊铭文。公共铭文和私人铭文所描述的希腊化城市是喧嚣之地，很多铭文是长达几百行的熠熠生辉的散文：国家之间的协约、献给伟大公民捐助者的荣誉、希腊化国王们的信件；土地销售、神庙财产清单、有争议的遗嘱、神灵显现的描述。位于土耳其西北部帕加马的一篇铭文有237行，极其详细地描述了城市管理官员的职责，这类官员负责道路、山脉、蓄水池、厕所和其他公共建筑的维护。一份来自迈安德河畔的小城马格尼西亚的档案，包含了希腊化国王和城市的六十多份信件和敕令，让人们认识到城市及其领土的神圣不可侵犯性。在很多情况下，这些文件是唯一留存下来的相关城市的公共文献，因此对于从亚得里亚海到波斯湾的希腊公民制度来说，马格尼西亚的档案成为宝藏一般的证据。

铭文往往进一步揭示了主要的历史事件。比如普鲁塔克在《德米特里乌斯传》（写于公元1世纪晚期）中用三个短句，向我 10
们讲述了公元前287年一场成功反抗“围城者”德米特里乌斯王

（本书第三章会概述其生涯）统治的雅典起义。1971年，考古学家在雅典广场的挖掘工作中发现了一篇很长的献给某位斯费图斯的卡里阿斯的荣誉敕令，这是一位爱琴海地区的托勒密雇佣军首领。这篇铭文以丰富的、生动的细节描述了雅典革命的过程，开头如下：

> 当人们起来反抗占领这座城市的统治者时，他们将敌方士兵赶出了城市中心；不过，莫塞昂山麓的要塞仍旧被占领着，乡村还处于战争状态中，驻扎比雷埃夫斯的军队控制着乡村，德米特里乌斯带着军队从伯罗奔尼撤出发来镇压城市。卡里阿斯一听到城市处于危险中，就选取一千名雇佣兵和他一起驻扎在安德鲁斯，给他们支付薪水并提供口粮，以便可以立即驰援城市，帮助那里的人们，按照托勒密国王对人们的善意来行动；他带领军队进入乡村，全力保护谷物收成，这样做的目的在于尽可能把食物带到城市……（等等）

就是因为这个文献，我们知道雅典起义得到了“救主”托勒密一世国王（前305—前282年在位）的支持，托勒密一世是德米特里乌斯在爱琴海地区争夺霸权的首要对手。现在，卡里阿斯铭文是我们理解公元前280年代托勒密埃及外交政策的重要基石。

除这些书面文献以外，希腊化历史学家也可以利用那些极好的各种类型的实物证据。从希腊到阿富汗，大量的希腊化城市、圣殿、要塞已经被挖掘出来，其中最有代表性的城市是普林恩，第六章会对其加以描述。位于土耳其西南部的拉特莫斯山下的赫拉克利亚那令人敬畏的遗址，几乎完整地保存了其全部的希腊化时代的城墙环道，以及配套的塔楼、人行道和卫兵室（见图2）。我们一些保存最好的希腊化建筑的范例来自约旦： 11
靠近现代安曼（犹太历史学家约瑟夫斯对此进行过描述）的卡斯尔·伊尔·阿卜德要塞是小型的希腊化宫殿，而纳巴泰王国的首都佩特拉古城，则让我们对希腊化晚期都城巴洛克式的城市景观有了充分的了解。

相比于古代其他任何时期，黄金、白银、青铜铸币的研究对于希腊化历史而言都更加重要。几个主要的希腊化国家——特别是中亚的巴克特里亚王朝和旁遮普的印度-希腊王朝——我们只有通过这些国家发行的铸币才能有效地了解它们。铸币也

图2 希腊化时代拉特莫斯山下的赫拉克利亚要塞

生动地说明了希腊化世界各个遥远地区之间有着令人意想不到的文化和经济联系。公元前3世纪和前2世纪，欧洲西北部的凯尔特民族第一次铸造钱币；这些钱币几乎都模仿马其顿腓力二世（前359—前336）的黄金钱币，这也反映了主要的希腊化王国
12 广泛地使用了凯尔特雇佣军（见图3）。

最后，尽管从根本上说当代对这一历史时期的叙事比较单薄，但希腊化国家还是给我们留下了大量的文学和科学文本（参

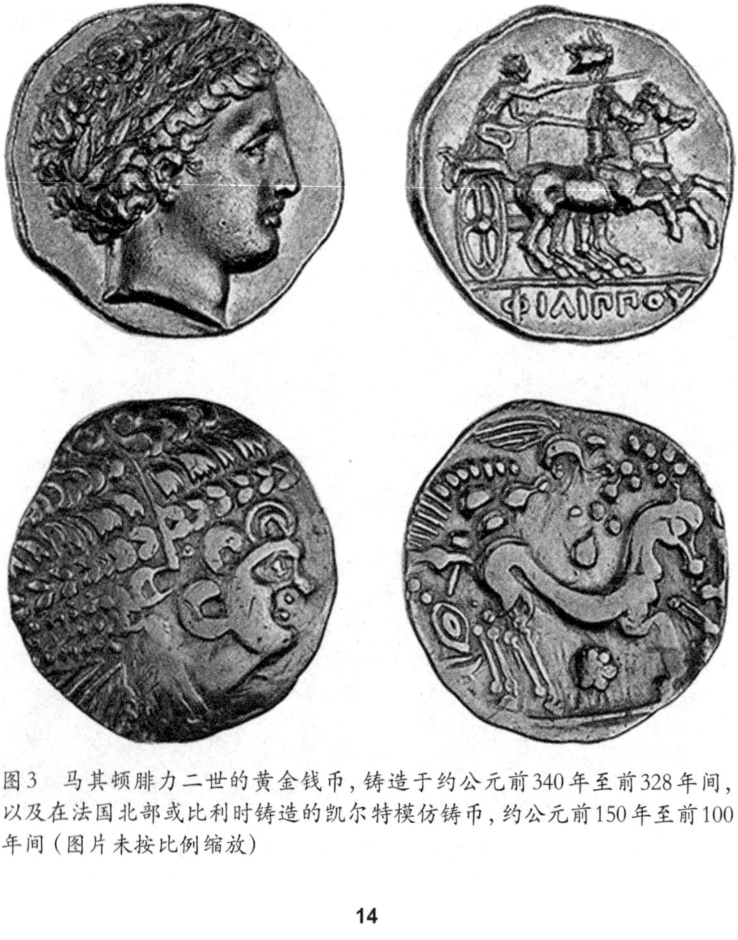

图3　马其顿腓力二世的黄金钱币，铸造于约公元前340年至前328年间，以及在法国北部或比利时铸造的凯尔特模仿铸币，约公元前150年至前100年间（图片未按比例缩放）

见第四章的主题）。在诗歌领域，赫罗达斯的《抑扬格哑剧》和提奥克利图斯的《田园诗》都生动地再现了希腊化世界的日常生活；悲剧作家以西结的《出埃及记》把《圣经》中关于摩西出埃及的叙事翻译为希腊语，并以希腊悲剧的形式表现出来。我们还拥有极其丰富的希腊化时期的数学文献，其中包括阿基米德、欧几里得和佩加的阿波罗尼乌斯的主要著作。“教喻”诗则
位于诗歌和科学的交叉处，诸如阿拉图斯的《物象》（论述星 13
座），以及尼坎德的《底野迦》和《解毒剂》（论述有毒的动物和毒物）。新的发现不断丰富我们对希腊化时代文学的认识：2001年出版的莎草纸文献就包括公元前3世纪诗人波塞狄普斯的一百多首新警句。

从前述内容可以清楚地看出，研究希腊化时代的历史学家可以利用各种各样的材料进行研究。其中一个附带的结果是，写作希腊化时代的历史是有趣的事情，阅读其历史亦是如此。既然在通常情况下，“秉笔直书”的叙事史是不可能的，那我们就可以发挥我们的想象力。很少有古代史著作能够超越阿诺德·莫米里阿诺的《外来的智慧》（1975）、埃利阿斯·比克曼的《希腊时代的犹太人》（1988）或约翰·马的《安条克三世和小亚细亚西部的城市》（1999）。现今，威廉·塔恩已是不合时宜的作家——太因循守旧、过多的道德说教、错误的帝国主义观念——但是他的《安提柯·贡纳塔斯》（1913）无与伦比的开篇，还是充分捕捉到了希腊化时代一些扣人心弦的历史：

> 没有哪一部分希腊史能够像公元前3世纪的历史那样更容易让我们了解。这是唯一一段至少可以和我们的时代

相提并论的时期；实际上，就某种意义而言，这段时期极其现代。我们在那里能遇到不少我们自己做过的事情，也能遇到不少我们自己所知的问题。萨拉米斯时代和索福克勒斯时代对当时那个时代的人来说，犹如莎士比亚时代或西班牙无敌舰队时代对于我们现代人来说一样遥远。所有的范围都得以拓展和开放；文明随着新生活悸动着，有一种迫切尝试所有事情的渴望。几乎所有的障碍都被打破了……百业待兴；完全就是对新世界进行物质上、社会上、知识上的征服。

14 这个极其多样化的新世界即是本书的主题。

第二章

从亚历山大到奥古斯都

亚历山大通过征服阿契美尼德王朝的波斯，建立了一个从西方的多瑙河下游和尼罗河下游延伸到东方的印度河上游和阿姆河谷地的马其顿帝国。在亚历山大去世后的第一代人期间（前323年至前281年），帝国分裂为三个继业者王国，分别由一位马其顿的国王统治：安提柯统治马其顿，托勒密统治埃及，塞琉古统治西亚和中亚。伟大的继业者国家的历史，它们与爱琴海地区自由希腊城邦的关系，以及它们面对罗马的帝国主义（在较小程度上也要面临帕提亚在美索不达米亚和伊朗的扩张）而最终衰亡，毫无疑问这是一部纠结不清又混乱的故事。不过，这也是令人兴奋不已的故事，就像古代史其他历史时期一样，因其始料不及的命运逆转而扣人心弦。仅就纯粹的《男子汉专属》的戏剧而言，没有什么能与阿拉图斯在公元前243年夜间突袭科林斯相比（普鲁塔克在《阿拉图斯传》中有生动的记述）；就悲剧而言，没有什么能与“围城者”德米特里乌斯的兴衰，或者克利奥帕特拉长久以来为保护其王国免遭罗马兼并的斗争相比。

这一章对希腊化时代历史的迂回曲折提供了一份简明指南，从亚历山大继承王位（前336年）到克利奥帕特拉之死和托勒密王
15 朝的结束（前30年）。

亚历山大大帝，前336年至前323年

在公元前350年代和前340年代，马其顿的腓力二世（前359—前336年在位）已将希腊世界北部边缘落后的小王国转变为地中海世界的强国之一。在巴尔干中部高原地区，马其顿的总督们或其附庸国王们统治着亚得里亚海和黑海（伊庇鲁斯、伊利里亚、色雷斯）之间的所有土地。到公元前338年，当腓力在喀罗尼亚战役中击败雅典和底比斯的军队后，希腊本土大部分地区都处于马其顿非正式的控制之下，南部的希腊城邦国家也通过不平等的、令人屈辱的联盟而与腓力捆绑在一起。用腓力在雅典的仰慕者伊索克拉底的话来说，腓力已使自己成为"欧洲最伟大的国王"。

到公元前336年10月腓力二世被神秘暗杀时，他已经将自己的目光瞄准了东方波斯帝国的财富。我们不知道腓力亚洲计划的规模，但可以大胆地说他的儿子亚历山大已经远超了它们。公元前334年，马其顿和希腊联军进入亚洲。小亚细亚西部的波斯总督辖区（"行省"）在公元前333年11月的第一次战争期间落入亚历山大之手，马其顿人在伊苏斯战役中面对大流士三世的王室军队取得了令人炫目的胜利，伊苏斯位于现今土耳其南部的伊斯肯德伦附近。到公元前332年冬季，幼发拉底河以西的全部土地（安纳托利亚、黎凡特和埃及）都落入了马其顿之手。随后，亚历山大向美索不达米亚进军，公元前331年10月1日，大

流士在高加米拉平原再次被击败，这次是决定性的。短短几个月内，马其顿人已经攫取了美索不达米亚和伊朗西部的伟大波斯城市（巴比伦、苏萨、埃克巴坦那），位于波斯波利斯的阿契美尼德王宫被焚烧殆尽，据说是为了报复公元前480年波斯人劫掠雅典之仇。 16

哈罗德·麦克米伦声称，政治的首要原则是永远不要入侵阿富汗。公元前334年至前330年间的马其顿闪电战之后，则是连续三年无休止的游击战争，首先在伊朗东部，然后在波斯总督辖区的东北部、巴克特里亚和索格底亚那（阿富汗北部、塔吉克斯坦和乌兹别克斯坦东部）。这些令人沮丧的岁月见证了两个关键的发展，给即将到来的希腊化时代带来了持久的影响。第一，亚历山大征募了大量伊朗和中亚本地士兵进入他的军队；第二，他在东方各地新建的驻防城镇安置了成千上万的希腊和马其顿老兵。亚历山大不再仅仅是一位进行征服的马其顿将军，他正计划着他作为“亚洲之王”的未来：马其顿人要留在这里。

公元前327年春，军队越过之前波斯帝国的边界进入印度。亚历山大对旁遮普和印度河谷的征服是一场令人沮丧且单调的屠杀。马其顿人没能够与当地人建立持久的妥协，在亚历山大去世后的二十年间，印度的那些行省就彻底丢失了。但是，入侵带来了深远的影响。印度西北部的那些小王国遭到了马其顿人的严重削弱，一位能力强大的印度统治者旃陀罗笈多·孔雀（约前317—前293年在位），因此能够把印度次大陆整个北部统一起来。公元前3世纪从坎大哈延伸到孟加拉的孔雀帝国，成了亚历山大在远东的主要遗产。

到公元前325年年底，马其顿军队返回伊朗西部，在横穿杰德罗西亚沙漠（巴基斯坦西南部）时遭受重创，世界的新领袖们需要停下来喘口气。除了一些零星的地方抵抗外，整个波斯帝国现在都处于马其顿人的控制之下。不过，经过十年战争后，马
17 其顿军队现在急需补充新鲜血液。公元前324年秋，一万名马其顿老兵在克拉特鲁斯将军的带领下，被亚历山大送回了老家。这是步兵中的大部分，他们的位置被新征募的士兵取代。国王本人也开始考虑他自己的最终继承者了。公元前328年，亚历山大娶了巴克特里亚贵族的女儿罗克珊娜，公元前324年，亚历山大从东方返回后又迎娶了两位昔日波斯王室的女子，斯塔特利亚（大流士三世的女儿）和帕里萨提斯（大流士前任阿塔薛西斯四世的妹妹）。这三位女性之中至少有一位在亚历山大于公元前323年6月11日在巴比伦突然去世时已有身孕。

同时代的人惊愕于亚历山大的征服给世界事务所带来的革命性影响。公元前3世纪早期，雅典演说家、政治家法勒隆的德米特里乌斯思考了命运的残酷：

> 假如五十年前有一位神灵向波斯人或他们的国王预言了未来，或者向马其顿人或他们国王预言了未来，你认为他们会相信接下来发生的事吗？因为在我们的时代，甚至波斯人的名字都没有存留，他们先前曾是整个人类居住世界的霸主，而先前几乎无人知的马其顿人现在成了全世界的主人。

假如世界历史有转折点，那么马其顿征服亚洲就是这个转折点。亚历山大“大帝”实至名归。

继业者时代，前323年至前281年

作为无与伦比的征服者，亚历山大对治理没有多少兴趣。公元前323年在其去世时，位于亚洲的马其顿“国家”不过是由亚历山大庞大的身经百战的军队，以及一群残酷无情的、野心勃勃的马其顿将军组成的。行省管理机构和以前一样，几乎都是由先前遗留下来的波斯制度构成。就此而言，马其顿帝国仅仅是个名称而已。不过，亚历山大的确留下了巨大的财富。在亚 18
历山大生前最后两年，他开始把波斯国王庞大的黄金、白银储备铸成钱币来支付老兵的薪水——他们有相当的理由期待分享征服所带来的好处。一个中央薄弱的国家、一支兵力不足的军队、有独立倾向的将军们、源源不断的波斯白银，最关键的是没有具备能力的成年继承人：所有这一切结合起来就是一个爆炸性的结果。

亚历山大去世后没几天，巴比伦的马其顿人就匆匆拼凑了一个草率的协议，根据此协议，亚历山大的有精神缺陷的同父异母兄弟阿里达乌斯与罗克珊娜所怀的亚历山大的遗腹子（假如生下来的是男孩的话）将继承王位。马其顿的主要将军中一位名叫帕迪卡斯的将领将担任国王的“守护者”。帕迪卡斯实际上只不过借助一个偶然的机会而取得了霸权地位。亚历山大在马其顿的摄政者安提帕特，以及正率领一万名马其顿老兵的强大军队返回欧洲老家的克拉特鲁斯，他们也至少和帕迪卡斯一样提出了强硬的要求。亚历山大伙伴中一些更加谨慎的人则驻扎在富裕的西部总督辖区（托勒密在埃及、吕西马库斯在色雷斯），为不可预测的未来做准备。

战争于公元前321年爆发。托勒密首先行动，在亚历山大的遗体被送回马其顿的途中将其夺取（这表明了他对新埃及王国的野心）；帕迪卡斯试图入侵埃及，最终以他耻辱地死去而告终，他被自己的军官暗杀了。克拉特鲁斯几乎和他同时死去，是在小亚细亚北部与帕迪卡斯的军队作战时死去的。公元前320年夏，在特里帕拉迪苏斯会议上，马其顿人为维持摇摇欲坠的帝国做出了最后的尝试。安提帕特被任命为阿里达乌斯和亚历山大四世（罗克珊娜的儿子，当时已经是健壮的蹒跚学步的孩童）两位国王的守护者，后者和安提帕特一起返回马其顿。托勒密留下来控制埃及（并不是说安提帕特在这件事上有任何选择）。
19 作为一位残酷无情的马其顿军官，"独眼龙"安提柯这时已经六十多岁了，他被任命为"亚洲将军"。尽管安提柯的职权范围一开始仅仅局限于追击帕迪卡斯在亚洲的残余势力（特别是克拉特鲁斯的刺杀者，恶棍将军卡迪亚的攸美尼斯），但实际上安提柯的任命加速了亚历山大帝国亚洲部分和欧洲部分之间的分裂。

在随后的二十年中，五个独立的"继业者"国家逐渐在马其顿帝国的废墟上成形了。托勒密在埃及的统治没有受到任何挑战，围绕他的首都亚历山大里亚（亚历山大本人于公元前331年建立），他建设了一个强大的、有条理的国家。在马其顿，安提帕特的儿子卡山德最终成为主导人物。两位傀儡国王并没有拖累卡山德很长时间：阿里达乌斯在公元前317年就被谋杀了，卡山德本人（可能）在公元前310年除掉了亚历山大四世。色雷斯由狮子一般的吕西马库斯统治着，像托勒密一样，吕西马库斯是亚历山大的系列战役中具有超凡魅力的老兵。在亚洲，一名被称为塞琉古的马其顿低级军官，于公元前310年被任命为巴比伦的总督，他逐渐在美索不达米亚、伊朗和东方建立了一个令人敬畏的王国；到公元前301年，塞琉古已经在昔日波斯帝国的整个东部范围建立了自己的统治。

所有人物中最强大的是安提柯。他和他的儿子“围城者”德米特里乌斯（参见第三章）一起在亚洲西部建立了富裕的、人口众多的王国，疆域从爱琴海一直延伸到幼发拉底河。现在，它成为一个“王国”：公元前306年，安提柯和德米特里乌斯成为亚历山大继业者中最早僭取国王头衔的人，这一有强烈象征意义的行为很快为彼此竞争的君主所效仿。对于希腊本土和小亚细亚的城市，安提柯和德米特里乌斯则以希腊自由和自治的拥护者自居。毫无疑问，这一愤世嫉俗的举动针对的是卡山德，后者昭然若揭地偏爱在他控制下的希腊城邦中施行专制的代理政权。不过，安提柯对希腊人炫耀式的友谊（“泛希腊主义”）为整 20
个希腊化时代奠定了基调。因为在接下来的三个世纪里，希腊化的所有国王都竭尽全力相互攀比着谁对爱琴海地区的希腊城邦更为慷慨大度。

公元前301年，卡山德、吕西马库斯和塞琉古联军，在土耳其中部的伊普苏斯战役中彻底击败安提柯的王室军队。到了晚上，八十一岁高龄的“独眼龙”安提柯长眠于战场，五个王国变为四个了。德米特里乌斯——这时才三十多岁——带领几千人逃跑了，作为一个没有王国的国王继续统治了六年。但是命运之轮翻转了：公元前297年卡山德死去，公元前294年在卡山德的两个儿子之间爆发内战，这就给了德米特里乌斯攫取马其顿王位的机会。仅仅七年后，他再次败给吕西马库斯，但是公元前276年，德米特里乌斯的儿子安提柯·贡纳塔斯恢复了其父的王国。德米特里乌斯的后代（安提柯王朝）将在下个世纪继续统治马其顿。

伊普苏斯战役所带来的结果是，“独眼龙”安提柯在西亚的伟大王国被吕西马库斯和塞琉古瓜分了。公元前281年，塞琉古进攻吕西马库斯在小亚细亚的领土；吕西马库斯在库鲁佩迪安战役中被杀，四个王国变为三个。托勒密在前一年已寿终正寝（他的儿子继承王位，托勒密二世），这样亚历山大同辈人中就剩下塞琉古了。公元前281年9月，塞琉古跨越赫勒斯滂进入欧洲，距离他作为亚历山大军中的年轻人进入亚洲已经过去了五十三年。有那么一阵子，他似乎可以继续去攻占马其顿，继而在四十年后再次统一亚历山大的欧亚王国。但这没有发生：塞琉古被来自托勒密王室的一名伪装者刺杀了，这样的契机消失了。直到后来罗马的到来，马其顿和亚洲才再次在单一统治者
21 之下得到了统一。

希腊化王国，前281年至前220年

到公元前3世纪中叶，新的力量均势牢牢建立起来了。亚历山大帝国的主体分裂为三个马其顿继业者国家：马其顿的安提柯王朝、埃及的托勒密王朝、西亚和中亚庞大的塞琉古王朝。

希腊化时代早期最大的王国显然是亚洲的塞琉古王朝。在“征服者”塞琉古一世去世时（前281年），塞琉古王朝囊括了昔日波斯帝国的大部分地区，从色雷斯（现代保加利亚）一直到与印度接壤处，有大约2 500万到3 000万人口。在王国的大多数地区，希腊人和马其顿人这一小部分殖民者统治着数量众多的非希腊人：伊朗人、巴比伦人、阿拉伯人，其余的人则是被塞琉古

行政等级排除在外的最低等级。

人们很容易去谴责塞琉古亚洲的“殖民”本质，现代历史学家对塞琉古国家亦通常更普遍地持有悲观的看法，认为它软弱、专制、低效，注定要崩溃。1938年，威廉·塔恩在塞琉古王国和罗马帝国之间做了一个著名的比较。塔恩声称，“后者类似脊椎动物”：

> 罗马城从一个坚实的内核开始向外扩张。塞琉古帝国看起来更像甲壳类动物，它不是从坚实的内核生长起来的，而是被包裹在外壳之中；该帝国是一个框架，囊括了众多的民族、语言和城市。正式来说，真正让其具有帝国性质的是国王、军队和官僚机构——各个总督辖区履行统治和征税职责的官吏。它没有像罗马帝国那样的帝国公民权，真正把帝国联合起来的是半神君主的个人魅力。 22

这就淡化了塞琉古殖民统治的敏感性和灵活性。像先前的阿契美尼德波斯前辈一样，公元前3世纪的塞琉古国王用各种各样的方言向令人眼花缭乱的不同臣民致辞。波尔西帕的巴比伦神殿上的阿卡德语楔形文字建筑铭文显示，“救主”安条克一世（前281—前261）宣布了自己对一位巴比伦神祇的虔诚，“纳布王子，爱桑吉拉的儿子，马杜克的第一个儿子，埃鲁阿高贵的孩子”。最近出版了一份来自伊朗东部的塞琉古王室信件，该信件用希腊语写成，表明国王塞琉古二世（前246—前225）高调地捍卫赫尔曼德地区的湿地村民饲养马匹的权利。塞琉古国王不仅仅是外来的征服者。实际上，早期塞琉古君主最富有想象力的、有深远影响的一个战略是，在叙利亚北部创造出一个新的塞琉古“家乡”：当地的城镇和河流以遥远的马其顿地名来命名，新建立的四座辉煌的城市就以塞琉古本人（皮里亚的塞琉西亚）、他的儿子安条克（达佛涅的安提俄克）、他的母亲劳迪斯（海边的劳迪亚）、他的伊朗妻子阿帕米（奥龙特斯河畔阿帕米亚）来命名。希腊罗马作家在提及塞琉古君主时，习惯地将他们称为“叙利亚王”，这表明马其顿人最终在亚洲植入了很深的根基。

尽管如此，到公元前3世纪中期，塞琉古王国的外围地区已经开始崩溃了。在遥远的东部，巴克特里亚的塞琉古总督（现代的阿姆河流域，位于阿富汗北部）于公元前245年左右发动了成功的叛乱，塞琉古王国的伊朗东北部地区在仅仅几年之后就被一群中亚的游牧民族所占领（帕尼人，更著名的名字是帕提亚人）。在西方，小亚细亚半岛（现代土耳其西部）的大部分地区逐渐落入了当地君主的控制（帕加马的阿塔利德、卡帕多西亚的阿里阿拉特以及比提尼亚和本都的王室），所有这些王国似乎在
23 公元前3世纪晚期都从塞琉古获得了独立。塞琉古边缘地带的巴尔干化进程，因干劲十足的安条克三世所发动的再征服战争而被短暂地逆转了。到公元前2世纪中期，塞琉古一世伟大的亚洲王国的大部分已经分裂为一群乱哄哄的地方侯国，只在叙利亚和美索不达米亚剩下了文化上相对同质的塞琉古“核心”。

埃及的托勒密王朝则完全不同。像塞琉古一样，托勒密统治着一个民族混居的社会，不过这里实际上只有两个相关的文化群体：希腊马其顿移民阶层（大约占总人口的10%左右）和土著埃及人（或许数量达到了350万到400万）。“救主”托勒密一世和他的后代像传统的法老一样进行统治，他们保存了法

老埃及时代的大部分传统制度（神庙、祭司、地方政府和农业制度），在其上随意附加了一套新的希腊财政体制。

就像古代一样，现代埃及的人口主要集中在下尼罗河谷两岸狭长的地带，东西两边是荒无人烟的沙漠。借用经济史家约瑟夫·曼宁的话说，这种严酷的地理环境使埃及成为“或许是地球上最适合收税的地方”。托勒密的税收收入或许达到了地区生产总值的15%，按照前现代的标准来看，这是令人震惊的高水准了。托勒密二世漫长的统治期（前283—前246）见证了法雍地区（位于开罗南部、尼罗河西岸的巨大洼地）重要的土地开垦和殖民计划，这一地区移入了希腊军事移民，他们根据各自的军阶获得了固定的土地。尼罗河谷地和法雍地区的税收促进了托勒密新首都亚历山大里亚的快速发展，亚历山大里亚就是希腊化世界的纽约。到公元前1世纪，亚历山大里亚成为世界上最大的城市，城市人口或许有50万。 24

在埃及之外，托勒密统治着沿海那些不断易主的岛屿和土地，（在不同的时间）包括黎凡特沿海地带、塞浦路斯、小亚细亚的南部和西部海岸、爱琴海岛屿、昔兰尼加（利比亚东部）。这一海上帝国在公元前270年代至前260年代达到了其最大的领土范围，此时的托勒密二世对爱琴海地区拥有全部的、无可争议的控制权。不过——再次与塞琉古王国形成鲜明的对比——这些海外领地从没有被认为是托勒密王国完整的组成部分。塞浦路斯被当作独立的侯国由托勒密的将军统治，爱琴海的岛屿则组成了一个岛民的联盟，由托勒密任命的岛国司令统治。托勒密钱币（以独特的本地重量标准铸造）似乎从没有在托勒密所占有的爱琴海地区使用，正说明了这个问题。

从公元前270年代到前160年代，塞琉古王国和托勒密王国陷入了对黎凡特海岸控制权的持续争夺（六次“叙利亚战争”）。托勒密王国在公元前246/245年取得了最戏剧性的成功，年轻的托勒密三世（前246—前222年在位）把塞琉古驱逐出叙利亚，一直向东赶到美索不达米亚，并短暂地占领了巴比伦。公元前3世纪埃及最生动的一大文献是一篇源自红海沿岸阿杜利斯的铭文（现已佚失），该铭文带着些许夸张的语调庆祝托勒密历史的巅峰：

> 伟大的托勒密国王，托勒密国王和阿西诺王后的儿子，
> 神灵两兄妹，托勒密国王和贝勒尼斯王后的孩子，救世神，
> 他的父亲是宙斯的儿子赫拉克勒斯的后代，他的母亲是宙
> 斯的儿子狄奥尼修斯的后代，他从他的父亲那里继承了埃
> 及王国、利比亚、叙利亚和腓尼基、塞浦路斯、吕西亚、卡里
> 亚和基克拉泽斯群岛，他带领军队进入亚洲，有步兵、骑兵、
> 海军舰队，以及来自特罗戈洛狄提斯和埃塞俄比亚的大象。
> 他和他父亲首先在这些大象的故土将它们捕捉，而后将它
> 25 们带到埃及并以兵法进行训练。他已经征服幼发拉底河以
> 西的全部土地——用他们的印度象军征服了西里西亚、潘
> 菲莉亚、爱奥尼亚、赫勒斯滂和色雷斯以及这些土地上的军
> 队——使这些土地上的统治者向他臣服，他跨越幼发拉底
> 河征服了美索不达米亚、巴比伦、苏锡安那、波西斯、米底和
> 远至巴克特里亚的所有土地，收复了波斯从埃及劫掠的所
> 有神圣物品，并把它们和从这一地区获得的其他珍宝一起
> 带回。

公元前170年至前168年，塞琉古王国的安条克四世差一点就占领了亚历山大里亚，除了这一短暂的时间，位于尼罗河谷的这个托勒密核心领土从没有遭到外来势力的严重威胁。但这并不是说托勒密对埃及的统治是高枕无忧的。已知的埃及第一次土著起义爆发于公元前245年，此时的托勒密三世正在美索不达米亚作战。尽管这场特别的起义很快被镇压下去——虽然是以托勒密放弃对塞琉古亚洲的短暂征服作为代价——但还是预示了将来要发生的事情：从公元前217年至前186年，埃及几乎一直处于连续不断的内战状态。后期的托勒密诸王没有哪一位（只有王朝即将灭亡时的克利奥帕特拉是个例外）能够复兴公元前3世纪托勒密的辉煌。

三个主要王国中最小的是马其顿的安提柯王朝。当安提柯·贡纳塔斯（前276—前239年在位）于公元前276年获得马其顿政权时，他继承的是一个残余的小国，一个被内战和无政府折腾殆尽的国家。公元前280年至前278年间，游牧民族迦拉太凯尔特人大举入侵，从多瑙河盆地向南迁徙，给马其顿造成了很大的破坏。迦拉太人南下一直到达德尔斐才最终被一场伟大的战役所阻止，战斗发生在漫天的暴风雪中，就在神殿的大门前（迦拉太入侵者最终进入亚洲，并定居于安卡拉附近的安纳托利亚高原，他们在这里继续给未来的几代人制造麻烦）。安提柯登 26
基两年后，摇摇欲坠的马其顿王国再次被蹂躏，这次是被尚武的皮洛士侵占，皮洛士是崎岖的高地王国伊庇鲁斯的国王（位于现代阿尔巴尼亚和希腊的西北部）。

从这些没有希望的开端，安提柯逐渐重建了马其顿对希腊本土大部分地区的控制。安提柯继承了希腊南部的一些大型要塞（科林斯、卡尔基斯、德米特里亚斯），斯巴达和雅典一直试图把马其顿人驱逐出希腊（“克瑞摩尼德战争”，约前267年至前262年），最终以安提柯全胜结束：雅典人在马其顿的占领下度过了接下来的三十多年（前262年至前229年）。在一个不确定的日期，大约是公元前262年左右，安提柯的舰队在科斯战役中摧毁了托勒密的海军，这预示着安提柯统治爱琴海的新时代的来临。

不过，甚至在安提柯权力的顶峰，希腊本土的大部分地区还顽固地维持着独立。埃托利亚同盟一开始是德尔斐西部山区的小型部落联盟，到公元前3世纪中期已发展成跨越希腊中部的强大的反马其顿联盟。再往南，亚该亚同盟是伯罗奔尼撒北部的希腊城市组成的联邦联盟，它在公元前240年代至前230年代获得了一系列巨大的成功（每次都是短暂的），让安提柯付出了很大的代价，最著名的是在第二章导言中提到的对科林斯的大胆突袭。这些位于希腊中部、南部的新联邦国家，是希腊化世界伟大的宪法创新（后来成为美国开国元勋们的典范）——希腊自治城邦国家和希腊化专制王国之间颇有吸引力的“第三条道路”。

亚得里亚海以西，在意大利、西西里和地中海西部，马其顿
27 的影响并不是很强。腓力二世和亚历山大大帝的征服，并未触及西西里和意大利南部的希腊城邦国家，希腊化时代君主想把疆域向西扩展的仅有的竭力尝试是伊庇鲁斯的皮洛士，他在意大利和西西里发动的战役（前280年至前275年）最终以彻底失败告终。这就是说，公元前3世纪西西里东部的叙拉古诸王（阿加索克利斯，前316—前289；希伦二世，前269—前215）始终把

自己当作与地中海东部世界的安提柯、塞琉古、托勒密诸王具有同等地位的统治者，叙拉古的希伦宫廷是一群文学和科学名流的庇护所（诗人提奥克利图斯、数学家阿基米德），他们丝毫不逊色于亚历山大里亚缪斯宫的那些学者。但就整体而言，地中海西部世界在公元前3世纪走上了自己的道路，没有受到马其顿国王的控制，但受到位于现代突尼斯北部的迦太基城市帝国的支配，并逐步受到意大利中部野心勃勃又侵略成性的新生力量的控制。

交织期，前220年至前188年

在公元前2世纪中期从事历史写作的希腊历史学家波里比阿看来，第140届奥林匹克运动会（前220年至前216年）标志着世界历史的转折点：

> 可以说，在更早的时期，世界事件是分散的，因为人们的各种行为并没有表现出动机、结果或地理上的统一性。但从这个节点开始，历史可说已成为一个有机整体，意大利和非洲的局势与亚洲和希腊的局势交织在一起，所有各种事情，最终只归于一个结局。

这种“交织”（用希腊语来说是*symplokē*）是罗马的作品。在公元前3世纪的进程中，罗马人沿着亚得里亚海西翼扩张了他们的霸权，到了公元前219年，亚得里亚海东岸的大多数希腊和伊利里亚城市（现代克罗地亚和阿尔巴尼亚）都成为非正式的罗马保护国。公元前218年，迦太基将军汉尼拔入侵意大利，马 28

其顿安提柯王朝的新统治者年轻的腓力五世（前221—前179），抓住了这次机会把罗马驱逐出亚得里亚海东部，恢复了马其顿对巴尔干半岛的控制。第一次马其顿战争（前214年至前205年）是腓力与由罗马、埃托利亚同盟和其他希腊本土城市所组成的混杂的反马其顿联盟之间的战争；结果是令人不安的僵局，但罗马现在已与希腊本土的事务密不可分地纠缠在了一起。许多希腊人对未来深感忧虑：就像罗德岛的一位演讲者对埃托利亚人所说的那样，波里比阿记录了这一演讲（前207年）：

> 你说你是代表希腊人与腓力作战，这样他们就能得到解放，就能不再听从他的命令，但事实上你正在为被奴役而战，为希腊的毁灭而战……因为一旦罗马人从意大利的汉尼拔战争中脱身，他们就会以帮助埃托利亚人反对腓力为借口，将他们的全部力量用在希腊土地上，但真正的意图是征服整个希腊国家。

就像我们所看到的，事件证实了这一悲观的预测。

对汉尼拔取得胜利后（前201年），罗马立即挑起了与安提柯王朝马其顿的第二次战争（前200年至前197年），罗马将军弗拉米尼努斯在库诺斯克法莱战役（前197年）中彻底战胜了腓力五世。安提柯政权被永久摧毁，腓力的王国只限于马其顿本土。公元前196年，在科林斯地峡运动会上，弗拉米尼努斯宣布希腊人获得了自由，这带来了普遍的欢喜。希腊为此事铸造金币，金币将弗拉米尼努斯描绘成了具有超凡魅力的希腊化君主形象（见图4）。显然，希腊人并不十分了解他们新的、强大的西

图4　以希腊化君主风格描绘的罗马将军弗拉米尼努斯，一位胜利女神在他名字上献花

方邻居：弗拉米尼努斯是选举出来的年度执政官，并不是罗马国王。公元前196年后，新的神灵崇拜，即罗马女神崇拜（罗马权 29
力的拟人化表现）出现在了希腊世界的众多城市里。罗马女神崇拜显然是模仿了早期希腊化时代的国王崇拜，这生动地说明了希腊人想调和新的罗马霸权与他们现有的世界观。

到公元前190年代中期，罗马人已经把他们的目光锁定在更远的东方。公元前3世纪最后几十年，在安条克三世（前223—前187年在位）的统治下，塞琉古王国经历了显著的复兴。在安条克统治的初期，塞琉古王国似乎处于彻底瓦解的边缘，一位叛乱的国王（莫隆）在巴比伦尼亚、波西斯、米底建立了一个独立的国家，另一位叛乱的国王（阿凯厄斯）攫取了塞琉古王国在小亚细亚剩余的部分。经过了持续不断的二十五年战争，安条克逐渐恢复了塞琉古王国对从爱琴海地区到兴都库什的控制。东方的一系列令人惊叹的战役（前212年至前204年）让巴克特里亚和帕提亚的独立的国王沦为塞琉古王朝的附庸，在公元前203年至前196年间，安条克（首先与腓力五世合作）清除了托勒密埃及在黎凡特和小亚细亚海岸地区的势力。到公元前190年代，安条克的王国毫不逊色于公元前281年处于顶峰的塞
30 琉古一世的帝国。

随后来临的崩溃是残酷的。公元前196年至前192年间，罗马人以他们新获得的作为希腊人自由保护人的身份，不断向安条克提出一系列越来越专横的要求，要求他善待小亚细亚西部他统治下的希腊城市。公元前192年，安条克对希腊本土考虑不周的干涉立即引发了罗马大规模的报复，在公元前190/189年冬，罗马将军“亚洲征服者”西庇阿在土耳其西部的马格尼西亚（现代的马尼萨附近）战役中歼灭了塞琉古的王室军队。根据《阿帕米亚条约》（前188年），安条克被迫放弃他在小亚细亚半岛的全部领土，并向罗马支付数量巨大的赔偿金。在不到十年的时间里，罗马冷酷地宣示了其对希腊化世界三个强权中的两个的控制权。

生于埃及亚历山大的现代诗人C. P. 卡瓦菲斯（1863—1933）在其一首最让人难以忘怀的诗歌《马格尼西亚战役》中，想象了安条克被击败的消息传到了马其顿那充满怨恨的腓力五世的宫廷里：

> 他已失了他原来的精神和勇气。
> 现在他那疲乏的、几乎衰朽的身体
> 将成为他首先关注的事情。而他将无忧无虑地度过
> 他一生剩余的日子。总之腓力这样说。
> 今夜他要用骰子玩一种游戏；

他有心情娱乐一下自己。
桌子上摆满玫瑰。如果安条克
在马格内西亚战败那怎么办？他们说
他那众多的精锐部队被完全击溃了。
也许他们夸张了一点；这不可能是真的。
总之让我们这样希望。因为尽管他们是敌人，但毕竟属于我们的种族。
但是“让我们这样希望”就够了。也许已经太多了。
当然腓力不会取消这次庆典。
无论他的生活怎样令他疲惫不堪， 31
他仍有一样赐福：他的记忆完整无损。
他回想他们在叙利亚哀悼的规模，他们所感到的那种悲伤，
当他们的祖国马其顿被砸成碎片。
让宴会开始吧。奴才们！音乐，灯光！[①]

“短暂的”公元前2世纪，前188年至前133年

罗马战胜腓力五世和安条克三世改写了东地中海的政治版图。根据《阿帕米亚条约》，最主要的受益者是罗德岛的强势岛屿城市和土耳其西北部帕加马的阿塔利德王朝，他们都站在罗马一边作战反对腓力和安条克。塞琉古在小亚细亚西部富裕的领土被罗德岛和阿塔利德王室瓜分了。罗马决定将其在小亚细

① ［希］卡瓦菲斯：《卡瓦菲斯诗全集》，黄灿然译，河北教育出版社2002年版，第189—190页。

亚西南部的微型“帝国”（前188年至前167年）授予罗德岛，这尤其令人震惊：因为已经有几个世纪希腊城邦没有享有这样的区域霸权了。尽管还没有罗马官员驻扎在亚得里亚海东部，但已经很清楚，罗马不会再容忍太多独立的想法。

帕加马的阿塔利德王国是小亚细亚半岛西北部独立的小王国，不是很大——至少在公元前188年之前，不会比一个大型希腊城邦大。但公元前3世纪的帕加马统治者已经渴望希腊化的强权地位了。阿塔罗斯一世（前241—前197年在位）通过在昔日希腊世界的主要文化中心（德尔斐、提洛岛和雅典）建造奢华昂贵的建筑，赢得了爱希腊的统治者的模范声誉。特别是，阿塔罗斯强调了帕加马国王在保护小亚细亚希腊城市抵抗迦拉太人方面的作用，迦拉太人是一支凶猛的凯尔特人部落，于公元前270年代定居在土耳其中部。一些生动的雕塑作品描述了被击败的迦拉太人，现存的是罗马时代的复制品，可能是依据公元前3世纪晚期或公元前2世纪早期的帕加马真品仿制的（见

32 图5）。

公元前188年，差不多一夜之间，帕加马能干的攸美尼斯二世（前197—前159年在位）以牺牲塞琉古为代价将王国扩张了十倍。在《阿帕米亚条约》之后的几十年间，攸美尼斯及其继承者在小亚细亚西部建设了一个稳定的、富庶的国家。由于罗马人公开的自由希腊政策，位于小亚细亚沿岸旧有的希腊城镇得到了后来的阿塔利德国王们的明显善待，半岛富庶的核心农业地区出现了大量新建城市。攸美尼斯特意追求将他的王国展现为更加像希腊本土的亚该亚同盟和埃托利亚同盟，而不是托勒密和塞琉古的专制君主制——如其所愿，在很多方面确实如此。

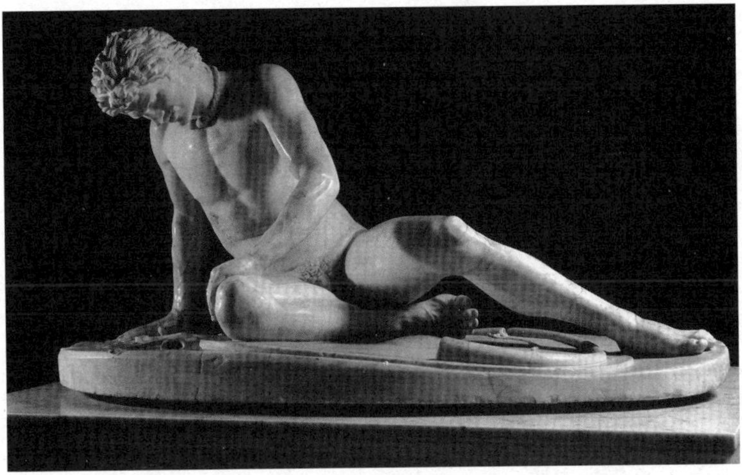

图5 “垂死的高卢人”，希腊化雕塑的罗马复制品，刻画了迦拉太武士

小亚细亚“短暂的”阿塔利德世纪（前188年至前133年）见证了土耳其西部和南部公共建筑项目的大繁荣，这包括或许是希腊化世界最广为人知的单体文物古迹——帕加马大祭坛，现在在柏林的帕加马博物馆充分展示着其巴洛克式的壮丽。

东方世界伟大的希腊化王国的崩溃还在持续着。托勒密四世（前221—前204）和托勒密五世（前204—前180）在位期间，33
见证了埃及被一系列土著起义冲击得摇摇欲坠；上埃及几乎作为一个独立的法老国家被统治了近二十年（前206年至前186年）。在公元前203年至前196年间，托勒密埃及所有的海外领土几乎都被安条克三世所夺取，王国因此似乎处于崩溃的边缘，公元前170/169年冬，塞琉古安条克四世（前175—前164年在位）发动了对埃及毁灭性的入侵。到公元前168年春，除首都亚历山大里亚外，下埃及的所有领土都处于塞琉古王国的控制之下。罗马人再次进行了干涉。罗马大使波庇利乌斯·莱纳斯在亚历山大里亚城郊会晤安条克四世，并向他发出了直截了当的最后通牒：立即从埃及撤军，否则罗马将与之开战。塞琉古王国二十年前在马格尼西亚战败的记忆，足以迫使安条克屈辱地让步。安条克远征埃及的失败，开启了塞琉古霸权在近东地区缓慢且痛苦的衰落进程。犹大·马加比领导下的大规模犹太人起义（前167—前160），以在黎凡特建立独立的哈斯蒙尼国家而告终；更严重的是，美索不达米亚的那些昔日塞琉古王国的核心地区，在公元前141年至前138年间都落入了帕提亚人之手。到公元前2世纪晚期，塞琉古王国已经堕为叙利亚北部以安提俄克城为中心的蕞尔小国了。

公元前168年，是马其顿安提柯王国灭亡之年。安提柯末代国王珀尔修斯（前179—前168年在位），尽管没有采取公开反对罗马的行动，但与希腊本土和爱琴海地区的希腊城市重建了良好的关系。他以平民主义为平台，取消了债务，并支持那些民主派系反对亲罗马的公民精英。罗马无意让珀尔修斯在希腊本土重建安提柯霸权，并于公元前171年无端发动了针对马其顿的恶意战争（“第三次马其顿战争”）。珀尔修斯的军队于公元前168年6月在皮德纳战役中被摧毁，胜利的罗马将军埃米利乌斯·保卢斯对希腊的“同情者”没有表现出任何仁慈。一千多名具有错误观点的希腊政治家被流放到了意大利（其中就包括历史学
34 家波里比阿）；550名埃托利亚领导人在议会大厅遭到屠杀，15万名伊庇鲁斯希腊人被卖为奴隶。

希腊本土最后的主要独立力量是亚该亚同盟，这个同盟到现在为止吸收了伯罗奔尼撒的大多数希腊城市，并将这些城市置于单一联盟的领导之下。一些现代学者一直试图对亚该亚同

盟加以浪漫化，认为其坚定不移地致力于（用波里比阿的话说）“各个城邦的自由和伯罗奔尼撒人的联合”；他们的观点也许是对的。公元前147年，罗马人再次以最拙劣的借口决定清除希腊独立的最后堡垒。公元前146年的亚该亚战争残酷且迅速：在弗拉米尼努斯在科林斯宣布“希腊人自由”的五十年后，罗马将军卢基乌斯·穆米乌斯彻底把这座城市夷为平地，并把遗留的居民变卖为奴隶。

就爱琴海世界大多数人而言，公元前168年和公元前146年的两次重击，并不具有人们所预期的那么大的转折意义。罗马在希腊的霸权现在已无可匹敌：一些地区（特别是马其顿，或许还有亚该亚）被要求每年向罗马缴纳贡金，提洛岛在公元前166年被罗马人赋予自由贸易港的地位，为意大利进行着繁忙的奴隶贸易。不过，罗马对亚得里亚海东部的管辖权大概仍旧是不存在的；希腊城市继续管理着自己的内部事务，很少受到来自罗马的干涉。公元前2世纪中期经常被认为是“罗马征服希腊”的时代——一种奇特的征服，大多数希腊国家仍然保持自治状态，而且不用缴税！

在小亚细亚，伴随阿塔利德末代国王阿塔罗斯三世（前138—前133年在位）的去世，一个时代也结束了。据说，阿塔罗斯三世在其遗嘱中已把他的王国遗赠给了罗马人民。从《阿帕 35
米亚条约》到阿塔罗斯遗嘱的五十五年时间，希腊语世界经历了各种重大转变。安提柯王国、阿塔利德王国已经不存在了，塞琉古帝国现在仅仅是近东地区几个不停争吵的地区侯国之一，托勒密王朝已经沦为罗马的附属国。公元前2世纪晚期和公元前1世纪，人们继续见证着地中海东部的罗马附庸和附属王国这种松散网络逐步演变为直属罗马行省管理的统一形式。

希腊化世界的终结，前133年至前30年

最终，罗马人花费了四年时间把阿塔利德王国牢固地掌握在自己手中。阿塔利德王位的觊觎者阿里斯东尼克招募了一支由贫穷的希腊人和被释奴隶组成的军队，他称之为“太阳的公民”；直到公元前129年，罗马军队才把这场不成功的社会革命最终镇压下去。小亚细亚西部富裕的河谷地区随后被重组为罗马的亚洲行省，屈从于罗马税吏的残酷剥削。公元前120年代罗马亚洲行省的形成，标志着罗马直接统治希腊世界的开始，而非公元前168年或公元前146年戏剧性的军事胜利。

在更往东的地区，阿塔利德王朝的衰弱和塞琉古权势的削弱，使得安纳托利亚东部和北部的几个地方王朝发展成为区域强国。安纳托利亚中部的一大片地区受到了卡帕多西亚的阿里阿拉特王朝的控制，亚美尼亚的提格兰二世（约前95—前56年在位）开创了一个巨大的（抑或短暂的）帝国，这个帝国从黑海一直延伸到叙利亚北部。这些小王国中最重要的是位于土耳其黑海沿岸的本都王朝，这一时期是被可怕的米特拉达梯六世（前
36 119—前63）统治着。他在位的前三十年里，黑海和安纳托利亚东部的大部分地区都被纳入了本都的控制之下，这在公元前88年令人炫目的胜利中达到了顶峰，当时米特拉达梯通过突袭获得了罗马的亚洲行省。

就如米特拉达梯的铸币肖像所刻画的那样（见图6）——这位国王以传统希腊化的模具（参见第三章）为基础将自己刻画为第二个亚历山大大帝，一位具有超凡魅力的、爱希腊的武士国

图6　本都的米特拉达梯六世

王。经过了一代人时间罗马敲骨吸髓的剥削后，希腊人发现这极具诱惑力。亚洲的大多数（尽管不是全部）希腊城市都将米特拉达梯当作解放者，欢迎他的到来。公元前88年5月初，米特拉达梯和希腊人合作对行省中的全部罗马人和意大利人进行了大屠杀，总共大约8万人遇难。在希腊本土，雅典也倒向了米特拉达梯的事业；到了这一年年末，爱琴海地区的大部分都处于本都的控制之下。罗马将再次征服东方的重任托付给了苏拉将军，他在公元前87年3月洗劫了雅典，并于第二年把米特拉达梯赶出了亚洲。罗马时代小亚细亚的许多城市开始使用一个新词“苏拉时代”，这很能说明问题。这个时代从公元前85年开始：对那时的许多人来说，苏拉对行省的重组被视为罗马在亚洲进行直接统治的真正开始。

罗马和米特拉达梯之间零星的敌对行为，一直持续到公元前60年代中期（这位国王最终在公元前63年的流放途中自杀了）。不过，罗马人从公元前88年中吸取了教训：不会再让任何 37
一个希腊化国王行使像米特拉达梯一样的权力。公元前65/64

年，罗马将军“伟大的”庞培又把东方世界的一大片土地纳入罗马帝国的版图。在安纳托利亚东部建立了新的比提尼亚-本都和西里西亚行省；垂死的塞琉古王国被随便地解散了，取而代之的是新的罗马叙利亚行省。一群靠得住的亲罗马的附庸国王被安插于希腊在东方的残留之地。

到公元前1世纪中期，残存的较为重要且独立的希腊化王国只有托勒密埃及了。在漫长的王朝纠纷和内乱的困扰下，克利奥帕特拉七世于公元前51年继承了托勒密国家，它此时的疆域已经缩减到公元前323年托勒密一世所接管的昔日阿契美尼德波斯埃及总督辖区的范围。在二十年的时间里，克利奥帕特拉发起了一场极具外交智慧的战役来阻止她的王国落入罗马之手。公元前48年至前47年间，克利奥帕特拉与尤利乌斯·恺撒九个月风流韵事最直接的成果就是，塞浦路斯重新回归托勒密王国，更不用说还生了个半罗马血统的儿子托勒密十五世恺撒（历史上以“恺撒里昂”著称）。恺撒被刺杀后，克利奥帕特拉又把她的王国命运寄托于马克·安东尼身上，公元前37/36年，安东尼收复了罗马东部行省，并把罗马在东方的大量土地交给了托勒密王国。安东尼的意图很明确，他打算把地中海东部当作一个独立的、希腊化风格的罗马-托勒密领地进行统治，由他本人和克利奥帕特拉进行管理。未来的奥古斯都屋大维通过公元前31年9月亚克兴海战对安东尼的胜利，把这些宏大的梦想化为灰烬；十一个月后，亚历山大里亚落入屋大维之手，埃及顺利地被纳入了罗马帝国。

随着屋大维对埃及的吞并，延伸至幼发拉底河的亚历山大帝国的整个西半部现在都归属罗马了。昔日马其顿帝国的东部为帕提亚人所控制，这个伊朗王朝在公元前2世纪期间逐渐继承了塞琉古在美索不达米亚和伊朗的遗产。希腊的城邦国家，以及更广泛意义上的希腊文化，在罗马（和帕提亚）统治下继续存活并繁荣着。一些近东的附属小王国——伟大的希腊化王国的直接继承者——一直持续存在到朱里亚·克劳狄王朝时期，甚至更久。如果人们要为希腊化世界的落幕选择一个具体的时间和地点，大多数人肯定会选择公元前30年8月12日的亚历山大里亚。正如在莎士比亚的《安东尼和克利奥帕特拉》中克利奥帕特拉的仆人伊拉斯所说：“白昼已经结束，我们准备迎接黑暗。” 38

39

第三章

“围城者”德米特里乌斯和希腊化王权

军阀和国王

公元前307年初夏，一位年轻的马其顿将军带领一支拥有250艘战舰的舰队从以弗所起航。德米特里乌斯大约三十来岁，后来被亲切地称为“围城者”，他并没有王室血统。他的父亲“独眼龙”安提柯曾是马其顿宫廷的低级官吏，只是在亚历山大去世后才掌权，因其指挥着亚洲庞大的马其顿军队。公元前307年，安提柯已经控制了亚历山大在西亚征服的大部分地区，现在他那只独眼已经锁定了希腊本土富庶的城邦。公元前307年，德米特里乌斯的使命是将希腊城邦从马其顿君主卡山德那里“解放”出来，卡山德是与安提柯争夺爱琴海控制权的主要竞争对手。

德米特里乌斯首先航向了雅典，这座城邦自公元前317年以来一直被卡山德的代理人，来自亚里士多德逍遥学派的保守哲学家法勒隆的德米特里乌斯所统治。公元前307年6月，“围城者”的舰队没有受到任何挑战就驶进了雅典的主要港口比雷埃夫斯。他的到来让人始料不及。普鲁塔克在其《德米特里乌斯传》中告诉我们，雅典人把德米特里乌斯的大型舰队误当成卡山德的同盟托勒密埃及的船只；在那些日子里，爱琴海到处都是马其顿的战舰。被废黜的法勒隆的德米特里乌斯与城邦的新主 40
人达成了协议，第二天他离开了雅典前往底比斯。像许多这一时期的希腊知识分子一样，他最终在亚历山大里亚的托勒密宫廷度过了余生。

雅典的新政权就这样重磅登场了。卡山德曾利用一个小规模的寡头集团统治了雅典十年。德米特里乌斯现在则恢复了雅典传统的民主制度（至少在名义上），他向雅典人承诺了丰盛的礼物：来自他父亲的亚洲领地的谷物和船用木材。雅典人立即将德米特里乌斯称颂为他们的救主和恩人；德米特里乌斯和安提柯被赋予了“救主神”的头衔，在德米特里乌斯到雅典后第一次从马车下来的地方，雅典人在那里把一座祭坛献给了“下马者”德米特里乌斯。最重要的是，就像普鲁塔克告诉我们的那样，“雅典人是所有人当中最早称呼德米特里乌斯和安提柯为国王的人，尽管两人之前都不敢使用这一头衔”。

第一个，但并不是最后一个。一年后，德米特里乌斯在塞浦路斯海岸取得对托勒密舰队的辉煌胜利后，德米特里乌斯和安提柯这两位人物被其军队正式欢呼为国王。在德米特里乌斯占领雅典的三年内，另外五人宣称自己拥有“国王”的头衔：巴比伦的塞琉古、埃及的托勒密、色雷斯的吕西马库斯、马其顿的卡山德和西西里的阿加索克利斯。随着希腊化时代的缓慢流逝，君主们的数量持续倍增，特别是随着塞琉古王国的不断萎缩，在其撤出的亚洲土地上更是如此；到公元前2世纪中期，仅仅小亚细亚半岛就汇集着足有半打拥有王室头衔的地方王朝。

像德米特里乌斯和安提柯这类人凭什么能获得国王的头衔呢？就纯粹法律或体制层面上而言，他们完全没有资格。德米特里乌斯和昔日的马其顿王室谱系没有任何联系；他和他的
41 父亲在本质上都是军阀，即能够掌控军队忠诚的地区强人。但雅典人承认德米特里乌斯为国王并没有错。一部中世纪希腊词典，即所谓的《苏达辞书》（*Suda*），在其关于王权（*basileia*）的简短词条中最简明有力地阐述了这件事：

> 君主权力既非由自然也非由法律赋予人们；它们被赋予了那些有能力指挥军队和处理政治的人。亚历山大的继业者就是此类情况。

早期希腊化世界的王权主要是权力问题。德米特里乌斯是极富人格魅力的人物，取得了令人辉煌的军事胜利，也拥有巨大的财富，因此在臣民的眼中他配得上国王的头衔，这才是最重要的。一个贫穷的、热爱和平的或者不成功的国王与这样的属性相悖：早期的希腊化国王被人们期望在外表和行为上要像年轻的德米特里乌斯那样英俊潇洒、光芒四射、富有又好战，骑马率领军队进行战争。新一代的国王们当然在很大程度上吸收利用了亚历山大大帝富有魅力与活力的将才；但亚历山大的王权首先是以他的世袭地位为基础的，他是马其顿的“民族”君主，这点是最重要的。德米特里乌斯则并非如此。

就如我们预计的那样，这些新型希腊化君主在制度上的地位是很难定义的。他们的宫廷是由非正式的朋友（*philoi*）圈子

所组成，毫不夸张地说，新王朝的财政和行政结构都比较原始。公元前4世纪晚期和公元前3世纪早期的君主制是个人意义上的君主制，而非领土意义上的君主制。继业者中没有一位把自己描述为“拥有”特定地区的国王：他们仅仅是“王”。更重要的是，德米特里乌斯于公元前301年在伊普苏斯战役后失去了几乎全部独立领土，他的“王国”削减到仅存的几个海上要塞（以弗所、科林斯、推罗），但他并没有停止称王：只要他保留着令人敬畏的战争舰队，他的王室地位就不成问题。 42

随着在新建立的希腊化王国中一代又一代的继承，公元前4世纪晚期魅力超凡的军阀逐渐被世袭制君主所代替。个人王权稳步地转变为更加固定的疆域和王朝的王权。但是，希腊化时代的君主制起源于战争、财富、个人魅力，这从没有被遗忘。一直到希腊化时代结束，国王们还总是以同样的方式被描述：他们是富有魅力和充满活力的英雄，作为武士和征服者接受了亚历山大的斗篷。所谓的“统治者特姆”是一座公元前2世纪希腊化统治者的青铜像（现藏于罗马马西莫浴场宫），该雕像比真人要大，把国王表现为肌肉发达的超人，强大且无情，准备着新的征服（见图7）。

战争中的国土

战争是希腊化王权的核心。德米特里乌斯和安提柯被军队欢呼为国王，是紧随着德米特里乌斯的海军在塞浦路斯海岸战胜托勒密（前306年）而来的；几乎一个世纪之后，大约在公元前230年代某个时间，帕加马的阿塔罗斯地方王朝，在小亚细亚中部利用其对迦拉太人的重要胜利使其国王的头衔拥有了合法性。众多的希腊化国王拥有王室绰号或别称，诸如“带来胜利者”“公平胜利获得者”“不可战胜者”等。一位好的希腊化国王被人们期望能保护他的遗产，通过征服扩张他的疆域，用源源不断的战利品来让他的军队富足。

希腊化君主的残酷军国主义起源于新王朝兴起时的大屠杀。亚历山大去世后的三十年间，大量的军队在亚洲和欧洲到处征战，他们得到了亚历山大从波斯王室宝库所获战利品的慷
43 慨资助。公元前320年至前309年间，“独眼龙”安提柯（已不是一位初出茅庐的年轻人）几乎没有停歇地进行着战争：先在小亚细亚、美索不达米亚和伊朗与攸美尼斯作战（前320年至前316年），然后在黎凡特和小亚细亚与托勒密、卡山德、吕西马库斯的联军作战（前315年至前311年），最后在美索不达米亚与塞琉古作战（前310年至前309年）。安提柯于公元前301年死于战场，近八十二岁高龄还亲自参加战斗。在这场争夺土地和声望的残酷斗争中，继业者君主把一切资源都投入到了战争技艺之中：塞琉古第一任国王“征服者”塞琉古一世，宁愿放弃在印度的领土给旃陀罗笈多·孔雀来换取500头战象。

早期希腊化国王所发动的战役中最富有戏剧性的，是德米特里乌斯对罗德岛这座岛城的宏大围攻，这场战役从公元前305年夏一直持续到公元前304年夏，整整一年时间。罗德岛或许是这一时期希腊世界最强大的城邦国家，继业者战争时期在形式上维持着中立态度，不过对托勒密表现出特别的支持，这是因为罗德岛的大量财富（以及罗德岛的全部谷物供应）是通过与托勒密的海上贸易获得的。当罗德岛人没有表现出足够的意愿支持安提柯对抗托勒密时，德米特里乌斯就带着超过370艘船只、

图7 “统治者特姆”，一尊身份未知的希腊化时代君主的青铜塑像；这尊塑像有可能是公元前2世纪或公元前1世纪的某个时间被作为战利品带到了罗马 44

4万名步兵，以及数量不明的骑兵和海盗同盟这一巨大的战备力量起航进攻这座城市。德米特里乌斯通过陆路和海路对罗德岛城墙发起不断的进攻，使用了越来越多结构精巧而不实用的围城机械（他的绰号“围城者”正是源于此）。这些机械中最复杂的是著名的“攫城者”，这是一座带有装甲的九层高的围城塔楼，重到需要3 400人推着它在三英尺厚铁包裹的轮子上前行。

就罗德岛的战略重要性而言，不值得德米特里乌斯花费如此资源进行围攻。占领罗德岛很快就成为事关德米特里乌斯个
45 人威望的事情，而不仅仅是因为被围困的罗德岛人继续得到了来自德米特里乌斯的三个主要对手卡山德、吕西马库斯和托勒密的支持，尤其是托勒密持续的谷物供应，托勒密甚至派遣雇佣军支持这座城市。德米特里乌斯越来越昂贵的攻城装置多少带有点表演的成分：它们成为德米特里乌斯向广大希腊世界展示其无尽的钱财、人力资本和军事力量的手段。一切都无济于事——城市并没有陷落，疲惫不堪的德米特里乌斯，在经过一年努力后最终终止了围攻。罗德岛人变卖了留下的围城装备，使用这些收益建造了著名的罗德岛巨像，这是世界七大奇迹之一，一座太阳神赫利俄斯的巨大青铜塑像（30米高）。巨像在那屹立了五十四年之久，俯视着罗德岛港口，警告着任何试图模仿德米特里乌斯的灾难性军事野心的希腊化国王。

德米特里乌斯神

希腊城市以前从来不用与像德米特里乌斯这样的人物打交道。一些希腊人，诸如小亚细亚西部的爱奥尼亚人，长久以来生活在波斯阿契美尼德国王的统治之下，这些遥远的蛮族统治

者很少干涉其臣属城市的事务（税收除外）。但德米特里乌斯及其对手是另外一类国王。他们是希腊人，或者至少是马其顿人；他们拥有巨大的强制权，并随时准备使用这些权力让希腊城市受益或受罚。此外，这些国王在希腊公共生活中的存在是高度可见的：德米特里乌斯本人于公元前304/303年冬及公元前303/302年冬分别在雅典住了几个月，他就住在帕特农神庙后殿（这一点让雅典人极其厌恶），过着让人无法忍受的放荡生活。希腊人需要找到一种新的方式来构建他们与这些强大的、具有超凡魅力的超人之间的关系。他们选择的方式是将这些国王当作神来崇拜。

其实，这并没有初看之下那么令人惊讶。希腊人与基督徒 46
或穆斯林不同，他们从未特别重视个人的宗教信念（“信仰”）。希腊宗教完全是一种社会现象，它基于集体的仪式——节日、祭祀、游行——由整个共同体来完成。希腊人对神学从没有表现出太大的兴趣，“信仰”在希腊思想中不是一个显著的范畴。最关键的事是人与神之间的互惠关系，这种关系是通过祈祷和献祭动物来调节：我们向你献祭牛，你保护我们远离瘟疫和灾难。

希腊化国王——拥有像神一样权力和地位的人——要准备以恰当的方式来提供这种类型的互惠。假如一座城市遭地震毁坏，或受到外来军队的威胁，德米特里乌斯真的有能力重建你们的神庙或保护你们的城墙，以回报你们的忠诚和依附。国王们明确的形而上特征根本没有那么重要：把德米特里乌斯当作神来崇拜，并不一定涉及任何关于他的身体结构、预期寿命或有能力运用雷电的惊人信仰。假如德米特里乌斯对正确的仪式表演做出了善意的回应，在所有重要的方面，他就真的是如宙斯或阿波罗那样的神。

公元前291年或前290年，在人们庆祝德墨忒耳和科莱（珀尔塞福涅）的厄琉西斯密仪这一重要宗教节日时，德米特里乌斯到达了雅典。雅典人用精致复杂的宗教仪式欢迎了他，在祭坛上给他烧香并献上了奠酒。一支穿戴勃起阳具的狄俄尼索斯合唱队在雅典大街上迎接了德米特里乌斯；他们向他唱的颂歌存留至今，内容如下：

> 最伟大、最亲爱的神光临了我们的城市！在这一短暂的时刻，德墨忒耳和德米特里乌斯同时在场：她的到来是为了庆祝科莱庄严隆重的神秘仪式（厄琉西斯密仪）；而他在这里满怀喜悦，与神的身份相宜，他美丽且带着笑容。他的外表是神圣的；他的朋友围绕在他周围，他位于中间，好像他的朋友是星星，他就是太阳。万岁，最强大的神波塞冬和阿佛洛狄忒的孩子！其他的神要么远离此地，要么没有耳朵，或者并不存在，或者不理睬我们，但我们可以看到您就在此地，您不是由木头或石头所造，而是真实的存在。因此，我们向您祈祷：首先希望您缔造和平，最亲爱的神；因为您有力量。那个斯芬克斯不只是控制了底比斯，而是控制了整个希腊，那位埃托利亚人像古代的斯芬克斯一样坐在岩石上，他夺取并带走我们全部人民，我是无法与之对抗的（因为夺取邻居们的财产是埃托利亚人的习俗，现在他们甚至夺取了遥远人们的财产）——您最好亲自惩罚她；不然的话，请您去找一位俄狄浦斯，他会把斯芬克斯从岩石上扔下来，或者将其化为灰烬。

这一颂歌所传达的祈祷是非常现实的内容。希腊中部的埃托利亚人一直在侵犯雅典的领土；雅典人向德米特里乌斯乞援对埃托利亚人发动一场复仇之战，要么亲自上阵，要么派他的一位将军（某位俄狄浦斯）进行。雅典人清楚地知道，把德米特里乌斯当作神进行祈求并没有什么不适宜，他“不是由木头或石头所造，而是真实的存在”，并同时请求他施以军事援助来对抗埃托利亚人。在我们看来，这就像标准的国际外交事件，也就是向一个强国祈求保护——这里表现为雅典人向一位活的神进行祈祷。

国王并不总是亲自在场。希腊城市会举行惯常的献祭仪式，以向那些不在场的希腊化君主表达敬意，这模仿了先前就存在的城市公民对奥林匹亚诸神的崇拜。土耳其西部沿岸的小城埃迦伊对统治者崇拜进行了描述，这是我们拥有的最早描述之一，在塞琉古于公元前281年战胜吕西马库斯的地方修建了一座献给国王塞琉古一世及其儿子安条克的新神庙：

> 因此，神明塞琉古和安条克应被人们以一种值得与他们优良品行相匹配的方式进行崇拜，我们要在阿波罗神殿
> 旁边建造一座尽可能漂亮的神庙，周围要有它自己的神殿。 48
> 还要奉献两座崇拜塑像，要尽可能的美丽，上面要有“塞琉古”和“安条克”名字的铭文，在神庙前面要竖立救世女神的一尊神像和一座祭坛。在神庙的对面要建立一座祭坛，上面要刻有“属于塞琉古和安条克”的字样，要划定一块尽可能优美的神圣领地。在主要的年度祭祀期间，把公牛带到“救主”塞琉古和安条克的神殿，就像向阿波罗献祭那

> 样向他们献祭；在城市解放那一天（被塞琉古和安条克解放），每个月的那一天都要进行两次祭祀。将城市部落进行重组，这样就应该有六个部落，而非四个，将两个新部落命名为塞琉基斯和安条基斯……将市政委员们的大厅和将军们的大厅进行重建，将市政大厅命名为“塞琉西昂”，把将军大厅命名为“安条契昂”。

新的塞琉古国王崇拜很明显模仿了埃迦伊原本的阿波罗崇拜。关键是，统治者崇拜并非塞琉古强加的：埃迦伊人自愿引入了统治者崇拜，通过这一方式，他们巩固了自己未来与新的塞琉古统治者的关系。特别有趣的是，可以看到城市为了崇拜塞琉古国王而重组了自己的政治结构（公民“部落”），甚至重新命名了一些公共建筑。同样的，公元前307年德米特里乌斯第一次攻占雅典后，雅典人创建了两个新的部落，并以他们王室赞助人的名字命名：安条克尼斯和德米特里亚斯。和希腊化国王崇拜一样，这类表示敬意的姿态是城市向他们的新主人表达感激和忠诚的象征性方式。城市当然也期待获得丰厚的特权回报——内部自治、军事保护、豁免王室税收等。

国王与城市

公元前303年，德米特里乌斯的军队占领了伯罗奔尼撒北
49 部的希腊小城西锡安。西锡安是一座历史悠久的城镇，在公元前6世纪早期的暴君王朝奥塔哥拉时代享有一定程度的国际声誉。公元前4世纪晚期的西锡安是一座小型的农耕和手工业城镇，位于赫利森河和阿索普斯河之间略有坡度的海岸平原上，平

原位于一片庞大的高地脚下，四周都有峭壁保护。那块高地引起了“围城者”的注意，因为它对于围城机械来说完全是无法攻破的。德米特里乌斯立即下令把平原上现有的城市拆除，命令西锡安人把家园搬到易防御的上卫城去。就像历史学家西西里的狄奥多罗斯所描述的那样：

> 在工程施工过程中，德米特里乌斯给广大公民施以援助，恢复了他们的自由，因为这些公民给予他等同于神的荣耀。公民把城市重新命名为德米特里亚斯，投票通过举办年度祭祀、节日、竞赛来尊崇他，并赋予他建城者应有的其他荣耀。

西锡安人并不是唯一被德米特里乌斯强行迁移的希腊人。在希腊北部地区，接近现代沃格斯城的地区，不少于十四座希腊小城的人口被迁移来为新的王室都城提供劳动力，这座都城也被命名为德米特里亚斯。德米特里乌斯和他的父亲安提柯是如何傲慢地对待既有社区的，可以从爱奥尼亚的特奥斯城的一篇长铭文中看出。安提柯在这篇铭文中下令立即把利比杜斯的全部人口转移到特奥斯，虽然两座城市都绝望地提出了实际的反对意见。

在公元前4世纪晚期以及整个公元前3世纪，希腊化国王在整个欧亚大陆西部地区建立了几百座新的希腊-马其顿城市，其中许多城市的规模是希腊世界迄今为止做梦也想不到的。就如我们在第二章中所看到的那样，塞琉古一世仅在叙利亚西北部 50
就建立了四座巨大的新城（达佛涅的安提俄克、奥龙特斯河畔阿帕米亚、海边的劳迪亚、皮里亚的塞琉西亚），其中前两座城市的人口到希腊化时代晚期已经达到几十万。这些城市的遗迹令人不安地呈现了早期希腊化君主的野心与权力。在小亚细亚西部，吕西马库斯重建了以弗所，并（暂时地）以他妻子的名字阿西诺将其重新命名为阿西诺娅，其规划规模确实让人震惊：其防御工事长达九公里，据估算仅幕墙就需要大约20万立方米的切割石料。

这些新城服务于多重目的。大部分城市的名字源自它们的王室建城者或其家族成员，展示了王朝的权力和声望：埃及的亚历山大里亚和阿富汗的坎大哈两座城市，都保留了其建立者亚历山大大帝的名字；而帖撒罗尼迦，现代希腊第二大城市，则是继业者君主卡山德以他的妻子帖撒罗尼斯（亚历山大的同父异母妹妹）命名的。许多城市是大型军事驻防的中枢：小亚细亚的主要道路上到处分布着塞琉古新建的防御城镇，每间隔40公里就有一座，希腊北部的德米特里亚斯则作为其中一个“希腊之轭”而闻名。在塞琉古亚洲的广阔疆土，新建立的城市成为新政权的行政中心和税收中心；在塞琉古美索不达米亚的首都，底格里斯河畔塞琉西亚，已经出土了三万多枚行政印章。

从最实际的层面上看，城市吸收并安置了来自希腊和马其顿的大量心怀抱负的移民，他们纷纷拥向了近东新征服的殖民地。每年数以万计的男男女女，从古老的希腊土地出发去埃及的托勒密和亚洲的塞琉古寻求更美好的生活，使得像底格里斯河畔塞琉西亚和埃及的亚历山大里亚这样的大城市人口不断膨胀。国王们的慷慨大度、他们的男子气概和散漫的生活等个人
51 声望，都是驱使着人们越洋渡海的不小诱惑。诗人提奥克利图

斯在其第十四首《田园诗》中想象两位年轻的希腊人艾希尼斯、提昂尼库斯正在规划着去托勒密的领土旅行：

> 假如你真想移民，那么对自由民而言托勒密是最好的后台老板。难道他不是那种人吗？他就是最好的老板——他是体贴的、有教养的、钟爱女士的人，他是最友好的伙伴，知道他的朋友是谁（甚至更加清楚地知道他的敌人是谁），他给了很多人大恩大惠，当被请求时也不会拒绝，就像国王应该表现的那样……因此假如你想在右肩扣上军事斗篷，如果你有勇气站稳脚跟去迎接一个强者的进攻，那么你就起航去埃及吧。

提奥克利图斯当然知道：他本人就是西西里的叙拉古本地人，在公元前270年左右移民到亚历山大里亚。

王室“俱乐部”

新王室政权一个最显著的特征是他们彼此之间的相似性。王室铸币和肖像雕塑总是以同一种方式来描绘希腊化国王和女王，不管他们是在阿富汗、卡帕多西亚进行统治，还是在西西里进行统治。国王几乎总是被刻画为不留胡须、具有一头浓密鬈发的形象，且头戴一个象征他们地位的朴素王冠（一种窄发带）（见图8）；所有这些要素都源自亚历山大大帝的官方肖像。所 52
有地方的宫廷和王室行政机构几乎都有着相似的形式：小亚细亚西部阿塔利德王国的财务官员与东方塞琉古王国的财务官员有着同样的头衔，比如王国税务官、神庙监督官、王国财务官、王

图8 “围城者”德米特里乌斯的四德拉克马银币

国财长等。王室信件和王室法令用一种单一的、“国际”宫廷风格来撰写，如果一封王室书信的开头碰巧没有留存下来（石头铭文就经常发生这种情况），那么经常很难辨认出作者是哪一位国王。

国王对臣民的行为由某种传统的期许所决定。人们期待国王对他的依附者慷慨大方，对私人祈求和公共祈求做出回应，用慷慨的物质恩惠来回报象征性的荣誉（希腊人将这种互惠关系称为善行，即授予社会地位作为对优良品行的报答，第六章将进一步讨论这一点）。普鲁塔克在《德米特里乌斯传》中详细讲述了一件特别生动的逸事：

> 当德米特里乌斯走过时，一位老妇人开始纠缠他，不断地要求他听她述说。当德米特里乌斯回答她没有时间时，她对他尖叫道：“那不要做国王了！”德米特里乌斯被深深刺痛了，他反思之后回到了宫殿。他推掉了所有的事情，在好几天的时间里，他将他的时间用来接待那些需要听众的人，第一位就是这位老妇人。

这个故事比较巧妙，但不太可能是真的。马其顿国王腓力二世、亚历山大的马其顿摄政安提帕特以及罗马皇帝哈德良都有相同的故事；一个相似的故事也发生在了德米特里乌斯年长的同时代人塞琉古身上。很显然，我们这里涉及的是古代的民间智慧：一位好国王应该如何表现。所有的希腊化国王都服从相同的社会规则，其中不少又被罗马皇帝所继承，这些皇帝最终 53
继承了东部地中海世界希腊化国王的位置。

乍一看，王室风格和意识形态的这种趋同让人惊奇。毕竟希腊化王国的地方状况差异很大（参见第二章）。在埃及，托勒密国王是几百万土著埃及人的法老，这些土著埃及人对统治者有完全不同的期许；托勒密王朝践行兄妹婚（这在传统的希腊或马其顿环境中是不可想象的事情），这是对传统法老统治风格唯一最明显的妥协。与此相反，公元前3世纪和前2世纪的安提柯诸王，则统治着马其顿人和希腊人的比较统一的“旧世界”王国。塞琉古王国是所有王国中文化最复杂的国家，由近东地区极其繁多的民族构成（伊朗人、巴比伦人、犹太人、阿拉伯人……），人数相对较少的希腊-马其顿移民集中居住在新的塞琉古城市里。

但是，各个王国也有很多共性。所有的国王为了获得庞大的、流动的雇佣军人口相互竞争，其中很多是希腊或马其顿血统，当然也包括大量的凯尔特人、色雷斯人、伊利里亚人、阿拉伯人以及其他人。因为希腊化的王室金币、银币主要是为了支付这些雇佣军的薪水，所以毫不奇怪，王室铸币最后都有共同的王权“视觉语言”。此外，尽管主要王国的核心区域在文化上差异很大，但是王朝之间的军事竞争主要是在相对较小、同种族的地区进行的，也就是爱琴海盆地和（在较小程度上的）黎凡特沿海地区。举一个极端的例子，公元前310年至前280年，小亚细亚西南的卡里亚沿海城市从安提柯手里落入托勒密一世手中（前309年），之后又被安提柯所夺取（前308年），后来又落入吕西马库斯手中（前301年），接着又被德米特里乌斯短暂地再次征服（前287年），然后又被吕西马库斯所夺取（前286年至前285
54 年），之后又被塞琉古占领（前281年），最终落入托勒密二世（前280年至前278年）之手。到最后希腊化国王向这一地区的希腊城市讲着或多或少同样的外交辞令，给予它们差不多类似的财政利益，我们还会为此感到惊讶吗？

最后，尽管每个君主偶尔会宣称自己拥有普遍的统治权，但实际上希腊化国王视彼此为同等地位的国王。从一开始，继业者君主就含蓄地或者明确地承认他们对手的国王身份。早期的希腊化君主在通信中彼此以“国王”相称。德米特里乌斯拒绝这样做，普鲁塔克就引用这一点作为其异常傲慢和骄傲的典型例子：

> 亚历山大本人从没有反对其他君主使用“国王”的称号，也没有称自己为“万王之王”，尽管亚历山大本人曾给予其他许多人“国王”的地位与头衔。但德米特里乌斯经常嘲讽那些把他和他父亲之外的任何人称呼为“国王”的人，他很高兴听到人们在宴会上祝酒时称他为德米特里乌斯国王，称呼其他人为象王塞琉古、舰队司令托勒密、财务主管吕西马库斯、西西里岛主阿加索克利斯。当这件事被报告给其他国王时，他们认为德米特里乌斯的态度颇为好笑。

事实上，最后甚至德米特里乌斯也被迫承认他只是众多君主中的一位。公元前298年，德米特里乌斯还是一位没有王国的舰队司令，塞琉古还是一位没有海军的国王；在土耳其的海岸城市洛苏斯（现代安塔基亚附近），塞琉古通过娶德米特里乌斯的女儿斯特拉托尼斯为妻，从而正式缔结了两人之间的联盟。普鲁塔克说，两位之间的交换“立即为王国奠定了基石”：塞琉古在军营中用奢华的方式款待了德米特里乌斯，之后德米特里乌斯在他的巨大旗舰上迎接了塞琉古。到这时，国王吕西马库斯已经娶了托勒密的女儿阿西诺，公元前3世纪和前2世纪，塞琉 55
古王朝和托勒密王朝之间建立了多起联姻。每位国王在自己的领土内行使着绝对的权力，但是就像近代早期的欧洲一样，每一位君主也是更加广泛的“王室俱乐部”的成员，其中有众多潜在的盟友、竞争对手和联姻伙伴。在失去希腊本土的全部王室领土后（前288年至前287年），在最后一次于小亚细亚孤注一掷的冒险后（前287年至前285年），德米特里乌斯最终只得祈求塞琉古的怜悯。他被囚禁在女婿的宫廷中结束了余生，他在那
里安静地酗酒直至死去，终年五十五岁。 56

第四章

埃拉托色尼和世界体系

缪斯的“鸡舍”

希腊化世界很少有能像托勒密亚历山大里亚的缪斯宫和图书馆那样让现代人着迷的方面。一个专门的学习和研究机构，里面有众多的图书管理员、诗人和学者，并受到开明的托勒密王国的慷慨资助，这样的愿景显然对许多现代学者来说有着不可抗拒的吸引力。地理学家斯特拉波是第一个（也是唯一一个）对亚历山大里亚缪斯宫进行详细描述的学者，他在公元1世纪早期写道：

> 缪斯宫是整个宫殿建筑群的一部分，拥有带屋顶的廊道、带座位的大厅和一个大房子，房子里面有一间公共餐厅，供宫内的学者们使用。这一公会的男人有着他们共同的财产，还有一个负责管理缪斯宫的祭司，这一祭司以前由国王任命，但现在由罗马皇帝挑选。

正如斯特拉波所指出的那样，亚历山大里亚缪斯宫与现代博物馆不同，它不是一个实体艺术品的收藏馆，而是一座献给缪斯女神的神殿。隶属于缪斯宫的学者们享有国家资助的住宿和伙食，他们的著作涉及从纯数学到荷马的考据学等各式各样的学科，令人眼花缭乱。在希腊化时代，这类学者公会可怕的学究 57
气已经非常著名，正如公元前3世纪讽刺作家兼怀疑论者斐利亚修斯的第蒙所描述的那样：

> 在人口稠密的埃及很多人都能得到免费的晚餐，那些书卷气的蹩脚文人在缪斯宫的"鸡舍"里没完没了地争论着。

我们应该清醒地认识到，对于与缪斯宫相关联的伟大的亚历山大里亚图书馆，我们所掌握的确凿证据少之又少。图书馆的确切位置不得而知：大多数历史学家认为（或者更准确地说是猜测），它是缪斯宫建筑群的一部分，但没有任何实物遗迹留存下来。我们不知道它是什么时候建立的、由谁建立的，尽管我们拥有的相关证据指向托勒密二世在位初期（前283年至前246年）。古代和中世纪作家给出的这座图书馆的藏书量（20万卷至70万卷之间）十分惊人：我们认为最多就是数万卷莎草纸卷，也许还要少得多。最后，也没有很好的理由表明图书馆是被大火烧毁的：就像古代的大多数图书馆一样，亚历山大里亚的莎草纸卷收藏很可能也是由于人们的忽视、自然腐烂或是常见的鼠类侵蚀而缓慢地、平淡无奇地消失了。

尽管如此，希腊化时代的亚历山大里亚依旧是一个非凡的智力活动的中心。公元前3世纪至前2世纪，数学、地理、自然科学、人文学术以及——相当重要的——诗歌等领域都取得了令人瞩目的发展，其中大部分都可以归功于亚历山大里亚缪斯宫里的这些“书呆子”。关于亚历山大里亚图书馆，我们所知的为数不多的事情之一，就是它有一个专职管理员负责管理。奥克西林库斯的一份莎草纸上保存了大部分希腊化时代的图书馆管理员的名单，他们无一例外都是一流的杰出知识分子：诗人罗德
58 岛的阿波罗尼乌斯——史诗《阿尔戈英雄记》的作者；昔兰尼的埃拉托色尼——希腊化时代最伟大的博学家；拜占庭的阿里斯托芬——他是第一位辞典编纂者，也是早期希腊史诗与抒情诗的批判性编者。在“缪斯的鸡舍”里，托勒密亚历山大里亚的学者们悄悄地改变了人类对自己在世界中所处位置的理解。

空间与时间：昔兰尼的埃拉托色尼

与缪斯宫有关的最令人印象深刻的人物，也许是有着数学家、天文学家、年代学家、文学批评家和诗人称号的昔兰尼的埃拉托色尼（约前276—前194）。他对知识的兴趣是如此广泛，以至于他创造了一个新名词*philologos*来描述自己的职业，意为“爱学问的人”。在古代，他的绰号为“贝塔”（希腊字母的第二个字母β），因为尽管埃拉托色尼在众多学科都很有才华，但他在每个学科中都只能屈居次席。以这种方式让人记住是不幸的。

不过，至少在一个领域，“贝塔”这个得名是非常不公正的，那就是科学地理学。这是埃拉托色尼一手创立的学科，他主要的两部著作——《论地球的测量》和《地理学》——为希腊人的空间和地点概念带来了革命。在这两本书的开头，埃拉托色尼设

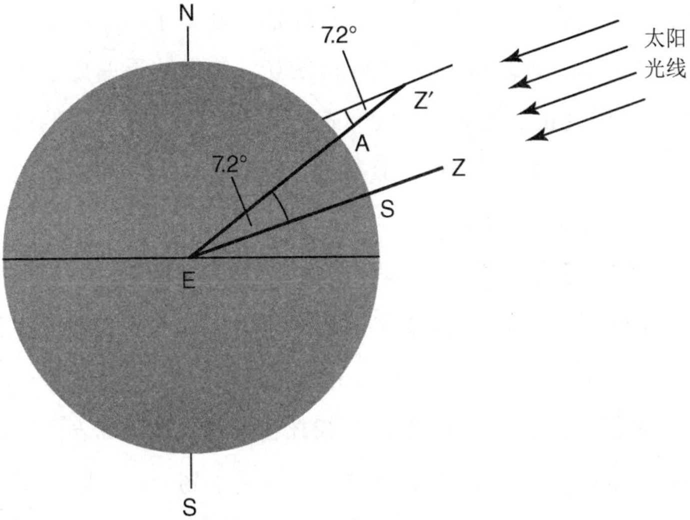

图9　埃拉托色尼测量地球周长的方法

计了一种估算地球周长的绝妙方法（见图9）。埃拉托色尼从三个大致正确的假设开始：地球是球形的；亚历山大和位于托勒密埃及最南端的赛伊尼处于同一经度上；太阳离地球很远，以至于它的光线平行地照射在地球的各个角落。赛伊尼（S）位于北回归线上，因此在夏至正午，在此竖立一根杆子（SZ）不会产生阴影。现在设想在同一天的正午将另一根杆子（AZ′）竖立于亚历山大里亚（A），这时会投下一个短影，由此我们可以计算出太阳光线照射在杆子顶端的角度（7.2°或一个圆的1/50）。如果 59
我们再设想将两条线SZ和AZ′延伸到地心（E），很明显，AES的角度同样是7.2°。埃拉托色尼估算出亚历山大里亚到赛伊尼的总距离为5 000斯塔德（*stades*），于是可得地球总的两极周长为（50×5000）斯塔德，即25万斯塔德。埃拉托色尼所用的距离单位是“斯塔德”，而1斯塔德相当于184.98米，因此公称地球周长为46 245千米。事实上，由于埃拉托色尼使用了粗略的整数进行估算（5 000斯塔德和一个圆的1/50），使得结果偏离了大约16%：地球真正的周长是40 008.6千米。但为什么要吹毛求疵呢？这个方法高雅、巧妙，而且完全正确：在人类历史，人们第一次确切地知道了地球的真实大小。

在埃拉托色尼的《地理学》一书中，他第一次论述了关于已知世界和未知世界的批判性科学地理学。早期的希腊地理学著
60 作，都是以缺乏想象力的旅行者的角度来撰写的，以线性旅行的方式描绘人类所居住的世界。埃拉托色尼首次把地球表面描述为连续的几何空间，并按经纬度对其进行了划分。从印度到西班牙这一为人类所居住的温带地区，仅跨越了地球周长的三分之一（当然，埃拉托色尼并没有猜测到美洲的存在）。他认为，在这个区域内，传统地将世界分为三块大陆（亚洲、欧洲和非洲，它们被像赫勒斯滂这样狭窄的海峡所分隔）的希腊划分方式，是一种武断的人为构想。欧洲和亚洲之所以被划分开，是因为最早期的希腊人“对整个人类所居住的世界并没有清晰的概念，只对自己的本土[希腊大陆]和对面的卡里亚土地——那里居住着爱奥尼亚人以及他们的邻居[土耳其大陆]——有清楚的认识”。由于爱琴海恰好在希腊和小亚细亚之间形成了一条清晰的边界，所以埃拉托色尼认为这导致了希腊人误以为欧洲和亚洲之间存在真正的连续边界。事实上，这是错误的：人类居住的世界构成了一个统一的整体，欧洲的“希腊人”和亚洲的“野蛮人”这种分类并没有客观的地理学基础。

埃拉托色尼在《地理学》中最大的成就是，他对那些被认为是证据的内容进行了冷静的思考。《地理学》的第一卷对荷马史

诗中保存的地理“信息”进行了广泛探讨，对于这一点，古代和现代学者也进行了学术上的讨论。对埃拉托色尼来说，荷马的地理学完全是虚构的：如果有人试图将奥德修斯从特洛伊返回地中海的旅程绘制成真实的地图，这注定以沮丧和混乱而告终：“当你追寻缝补风袋的补鞋匠时，你就会发现奥德修斯流浪的场景”，他讽刺地总结道。

埃拉托色尼关于历史年代学的著作同样体现了他敏锐的批
判能力。只要看一下希罗多德作品的任何一页，人们就会发现， 61
早期的希腊作家使用了一个非常杂乱的系统来确定历史事件发生的年代——他们会根据人类的世代、雅典的年度民事治安法官，以及其他著名统治者或战争的时间等几乎一切所能利用的事物来确定年代。埃拉托色尼为这一无序的体系带来了秩序。在其《年代纪》中，他根据所能得到的最佳文献资料，拟定了一份完整的希腊历史年表。残存的奥运会冠军名单把他带回到公元前776/775年，而早期斯巴达的国王名单又把他带到了公元前1104/1103年。他将从特洛伊战争（他认为是公元前1184/1183年）到亚历山大大帝之死（前323年）的全部希腊历史划分为十个历史纪元，以重要的历史事件（如薛西斯入侵希腊、伯罗奔尼撒战争的爆发等）作为划分的依据。埃拉托色尼基于奥林匹克纪年为希腊历史接上的年代“脊椎”，几乎被后来所有的希腊历史作家所采用；从某些方面看，这份年表的作用一直延续至今。

科学研究是无法脱离现实的，埃拉托色尼在地理学和历史学上的成就与托勒密王朝赞助者的利益密切相关。他在测量地球周长时选择了托勒密埃及领土的北部和南部界线（首都亚历山大里亚和托勒密埃及的南部边界赛伊尼），至少是一个惊人的巧合。公元前3世纪，托勒密国王是希腊化王朝中唯一一个统治着欧亚非三大洲领土的君主；埃拉托色尼认为三大洲之间不存在任何客观的界线，这无疑是受到了托勒密帝国横跨大陆的辽阔疆域的影响。甚至是以埃及所有应纳税土地的几何调查为基础的托勒密税收制度，也与埃拉托色尼绘制的人类居住地图遥相呼应。这些并不是在贬低埃拉托色尼的成就，而仅仅是为了
62 提醒我们他的王室任命的身份，在托勒密宫廷中由国王所豢养。

纯粹与应用：叙拉古的阿基米德

如果有选择的话，埃拉托色尼可能会希望人们首先记住他在纯数学方面的成就。埃拉托色尼的数学著作很少幸存下来，除了一篇写给年轻的托勒密四世[①]的关于倍立方体问题的短文（后文将讨论）以及他关于“筛法”的一篇简短提要。所谓“筛法”，是一种求出一定范围内所有素数的绝妙算法。事实上，“贝塔”（β）似乎很符合埃拉托色尼作为数学家的身份。因为“阿尔法”（α）的候选人只有一个，那就是与埃拉托色尼同时代的叙拉古的阿基米德（约前287—前212）——古典时期最伟大的数学家。

人们对阿基米德的生涯知之甚少。他一生的大部分时间都在西地中海的希腊文化中心叙拉古度过，当时正值国王希伦二世统治期（约前269—前215）。他和埃拉托色尼是朋友，或者说

① 这里说是写给托勒密四世的，后文第67页又说是写给托勒密三世的。给本书作者去信，他的答复是：“用托勒密三世（替换托勒密四世）；另外还有一个日期上的不一致，托勒密三世的统治年代为公元前246年至前222年。”他说究竟是托勒密三世还是四世，学界有些争议，他可能自己半路改了主意，所以就出现了前后不一致的情况。——译注

至少是远距离的彼此崇拜者：阿基米德现存最重要的两部著作《群牛问题》和《方法论》都是写给埃拉托色尼的。阿基米德的声誉主要在于他是数理物理学的奠基人，他是将纯数学应用于现实物理问题的第一人。他的《论浮体》是流体静力学领域的第一部主要著作，涉及各种形状和密度的固体在水中漂浮时的平衡位置；我们有理由认为，阿基米德有设计战舰外壳的想法（希腊化时代是造船业快速创新的时代，也是船只过分巨型化的时代）。

甚至当阿基米德表面上在从事纯几何学的问题时，他也反复地被物理世界的数学所牵绊着。在《方法论》一书中，他在如何求几何体体积（比如求一个圆锥体或一个球体一部分的体积）方面提出了一个相当惊人的方法。首先，阿基米德要求我们将这个物体想象成一个均匀的立方体，被切成大量的——实际上 63
是非常大量的——垂直于轴的非常薄的平行切片。然后，他让我们想象这些薄片叠加在了一起，并悬挂在假想杠杆的一端，与另一个已知体积和重心的几何体（如圆柱）处于平衡状态。这一与书名同名的“方法论”，是将机械方法巧妙地应用于几何问题：把一个复杂的几何物体与一个较简单的物体放在一个假想的天平上进行平衡，从而避免了直接计算原来复杂物体体积的困难（这种方法最早在数学论证中使用了无穷小——这是发现微积分的至关重要的第一步）。

阿基米德在数学上的“物理学转向”完全符合那个时代知识发展的大趋势。公元前3世纪是一个工程与技术革新的时代，其中大部分革新再次与亚历山大的托勒密王朝联系在了一起。阿基米德很可能是发明圆柱形水车的功臣，这是一种用来提水的手动装置，在埃及的灌溉农业和矿井排水方面具有巨大价值。一种更复杂的提水装置——压力泵——似乎也是在公元前3世纪的亚历山大里亚发明的。希腊化时代早期一个最重要的机械发明可能是齿轮传动装置，该发明于公元前3世纪首次得到了使用，并迅速应用于各式各样的实用装置和小工具（如齿轮传动绞车、水钟、天文仪、计时器等）之中。所谓的安提凯希拉机械装置是希腊化工程领域中少数存世的作品之一，这是一种从伯罗奔尼撒半岛海岸的沉船上发现的精密齿轮仪器，为计算天体的运动而设计（见图10）。安提凯希拉机械装置精密的设计和复杂的工艺（30个微型连锁齿轮，每个齿轮具有15到223个齿）使其
64 在现代早期之前的欧洲技术领域里享有无与伦比的地位。

直角传动装置使希腊和罗马最伟大的技术成就之一立式水磨的发展成为可能。虽然直到罗马帝国时期水磨才开始得到广泛应用，但最近的研究已令人信服地表明，水磨的发明可追溯到公元前240年代。水力谷物碾磨机是一次真正的、普罗米修斯式的飞跃，在农业社会的核心生产技术（将谷物碾成面粉）领域，它用水力代替了人力和畜力。公元前1世纪由帖撒罗尼迦的安提帕特所作的一首讽刺短诗，是古典时代流传下来的最怪异的文本之一，它几乎提前两千年就流露出了工业革命的精神：

> 你们这些磨坊的少女，快停下转动的手；安心睡吧，
> 甚至睡到明天黎明公鸡打鸣时；
> 因为德墨忒耳已将你们双手的辛劳分配给了水仙女们，
> 她们现正跳跃在轮子的边缘、转动轮轴，

图10　现代人复原的青铜“安提凯希拉机械装置”的部分齿轮装置，这是公元前2世纪一种精密的天文仪器　65

> 轮轴则带着它的齿轮转动着没有重量的尼西尔磨盘。
> 当我们学会享用免于人类劳作的德墨忒耳的作品时
> [即谷物],我们又再次体验到了昔日黄金时代。

托勒密王朝的国王们——特别是托勒密二世——是希腊化时代统治者中的佼佼者,他们乐意成为这一数学、科学及技术研究巨浪中的金主和赞助者。毫无疑问,他们有很好的务实原因来鼓励技术创新:托勒密王室发起的为数不多的一大研究项目,便是增加扭转火炮的威力和射程。但是,我们也不要过于武断。没有一个独立的希腊城邦能够制造出像安提凯希拉机械装置这样的物体。在公元前3世纪至关重要的几十年里,托勒密亚历山大里亚的科学家们被鼓励去设想难以想象的事物,并且还得到
66 了将其付诸实践的资源。

诗歌和文学研究

亚历山大里亚学术中一个更出乎意料的特点是,我们现在所称的人文学科和自然科学(这一差别在古代是不存在的)在那个时候存在着广泛的学科交叉。埃拉托色尼本身就是一位卓有成就的诗人,而且他的诗歌中至少有一些涉及了自然科学的主题。所有著作中唯一完整保存下来的是他写给国王“行善者”托勒密三世(前246—前221年在位)的一篇短小的数学论文,内容是关于倍立方体问题,也就是说如何计算一个立方体的线性测量值,当它的体积是相同比例的给定立方体的两倍时。埃拉托色尼对这个问题进行了严肃的数学阐述后,以一段十八行的诗歌警句总结了他的短文:

朋友，如果你想把一个小立方体做成一个两倍大小的立方体，

或者成功地把一个立方体变成另一个立方体，

那么，这就是你的答案，即使你想用这种方法来测量牛棚，或玉米坑，或庞大的空心井，你也必须用两把尺子取两组平均值，让它们的两端相交。

不要去探求阿尔库塔斯圆柱体那样不切实际的事情，

也不用将圆锥体切割成梅内克穆斯的三截面，

更不用在敬畏神灵的欧多克索斯的著作中发现任何曲线。

因为通过我的表格，你可以很容易地从一个很小的基数出发，构造出无数的比例中项。

神圣的托勒密（三世），以及和你一样具有青春活力的儿子的父亲，

你们把一切珍贵的东西都赐给了缪斯和君主。

至于未来，天上的宙斯，愿他（即托勒密四世）也从你 67
手中获得王室权杖。

愿这一切都成真，让看这献词的人说：

这就是昔兰尼的埃拉托色尼之作。

埃拉托色尼在此为整篇短文提供了一个简明扼要的总结。他概述了自己的主要结论，指出了这些结论在现实世界中的实际应用（一种托勒密式的效用评估），严厉批评了关于这一主题的早期著作，并对君主资助他进行研究工作给予了恭维的感谢。令人吃惊的是，他选择以一首堪称完美的诗歌来呈现这份报告。这一行为也并非只是他个人的奇思妙想。阿基米德的《群牛问

题》是一个极其困难的数学难题，直到1965年才得到完整的解答，这一问题同样以一首由二十二个对句组成的诗来展现。这些诗并不是打油诗：尽管在我们看来很奇怪，但像阿基米德和埃拉托色尼这样的数学家对待他们作品的“文学”表述，与他们对待数学问题及其解决办法一样认真。

不言而喻，亚历山大里亚的科学和诗歌之间不存在明显的分界线。事实上，在希腊化时代，诗歌的一个显著特征正是其渊博性和技术性。在古代，最受欢迎且为人们所广泛阅读的希腊化诗歌是阿拉图斯的《物象》（“可见的标志”），于公元前3世纪中叶在马其顿宫廷里创作而成。这首关于星座和气象的长诗，体现了希腊“说教”或“教育”诗歌的悠久传统，这一传统可追溯到比奥提亚诗人赫西俄德的作品《工作与时日》（约前700年）。与早期说教诗不同的是，阿拉图斯的《物象》将技术性的几何天文学转化成了诗歌的语言。《物象》的前三分之二是关于

68 夜空的巧妙的诗意指南，它以早期天文学家尼多斯的欧多克索斯的一部散文著作为基础；最后的第三部分解释了如何利用自然现象（鸟、云、月亮的出现）来预测天气状况。后来，阿拉图斯的诗被西塞罗和奥维德翻译成拉丁文；维吉尔《农事诗》的第一卷很大一部分是以该诗为蓝本；使徒保罗甚至在其亚略巴古布道中引用了这首诗（《使徒行传》17：28）。

在亚历山大里亚缪斯宫的学者们更为传统的“人文”活动中，我们可以清楚地看到科学的思维模式。公元前3世纪早期，正如当时莎草纸残篇所显示的那样，荷马的《伊利亚特》和《奥德赛》以不同的文本广泛地流传着，其中不免充斥着冗余、遗漏和异文。从公元前3世纪的第二个二十五年的以弗所的芝诺多

图斯开始，一大批亚历山大里亚学者致力于编辑和批判性地解释荷马文本。这一过程达到高潮的标志是《伊利亚特》和《奥德赛》的完整文本版本及评注的诞生，这是由萨摩斯的阿里斯塔克斯于公元前150年左右完成的。这项伟大工程的影响是迅速的，也是决定性的：公元前2世纪后期荷马的莎草纸中的异文突然消失了，而从中世纪手稿中流传下来的荷马文本基本上也是由阿里斯塔克斯完成的。这种批判方法很快被扩展到了其他"古典"文学作品中（事实上，"古典"这一分类正是缪斯宫内学者的发明）：埃拉托色尼本人写了一部12卷的巨著《论旧喜剧》，他在其中研究了公元前5世纪阿里斯托芬及其同时代人在阿提卡喜剧中所使用的罕见词汇和方言形式。亚历山大里亚学术的主要目标之一，是致力于对希腊文学遗产的分类、列表以及批判性分析。我们可以从公元前3世纪的诗人兼学者昔兰尼的卡利马库斯的主要作品列表（这份列表保存在一部中世纪的希腊词典《苏达辞书》之中）中一窥这一庞大的百科全书式工程的基调和方法，据称他总共写了800多本书：

> 下面列举他写的一些书：《艾欧的到来》《塞墨勒》《阿尔戈斯的建立》《阿卡迪亚》《格劳克斯》《希望》；萨提尔剧、悲剧、喜剧、抒情诗；《朱鹭》，一首晦涩难懂、令人不快的诗，针对的是某只"朱鹭"，卡利马库斯的一位敌人——实际上是《阿尔戈英雄记》的作者阿波罗尼乌斯；《缪斯宫》；一部记录了每一种文学流派中的杰出人物以及他们共达120卷作品清单的《卷录》（"目录"）；一部《卷录》和教师描述，按时间顺序从头排列；一部记录德谟克利特作品中

> 的词汇和复合词的《卷录》；各部族和各城市的《月份名》；岛屿和城市及其名称演变的《建造》；《论欧洲河流》《论伯罗奔尼撒半岛和意大利的奇观与奇迹》《论鱼名的演变》《论风》《论鸟》《论世界河流》；还有按地理顺序排列的论述整个世界的《奇观异象集》。

我们也许会注意到这份名单明显缺少了一种内容。没有任何迹象表明，卡利马库斯的研究曾涉及他的故乡埃及的丰富历史、古物或文学。亚历山大里亚文学研究的目标是极其明确的，只为希腊人而创作，只研究与希腊人有关的内容。

亚历山大里亚以外的世界

亚历山大里亚缪斯宫的伟大时代在公元前144年戛然而止，当时“作恶者”托勒密八世驱逐了该市的大部分学者，显然是为了报复他们偏向王朝的对手。但是，托勒密国王并不是希腊化世界中唯一一个智力和文化活动的王室赞助人。我们已经知道的阿拉图斯的《物象》就是在马其顿国王安提柯·贡纳塔斯的宫廷里创作的；叙拉古的希伦二世（约前269—前215年在位）有阿基米德为其效力，并且至少在他生涯的一段时期内得到
70 了田园诗人提奥克利图斯的效力。其中最热忱的是位于小亚细亚西北部的帕加马的阿塔利德王朝，从公元前3世纪晚期开始，他们便建立了一座堪与亚历山大里亚图书馆相媲美的王室图书馆。由于当地不供应莎草纸，帕加马图书馆里的大部分书籍都写在“羊皮纸”上：英文单词parchment（羊皮纸）从词源上源自Pergamene（帕加马人）。帕加马图书馆里最重要的学者是

马洛斯的克拉特斯，他倡导对荷马史诗进行别出心裁的寓言解释，这与其同时代的亚历山大里亚更为严肃的学者形成了鲜明的对比。

也许令人惊讶的是，亚历山大里亚缪斯宫的学者们很少关注哲学。雅典在这一领域——也仅仅在这一领域——在整个希腊化时期及其之后一直保持着它在希腊世界的卓越地位。到公元前4世纪晚期，雅典已经形成了两大主要的哲学“流派”——柏拉图的学园和亚里士多德的吕克昂（也被称为逍遥学派，源自亚里士多德在吕克昂的回廊或“走廊”授课）。公元前4世纪的最后十年里，两位非正统哲学家：萨摩斯的伊壁鸠鲁和季蒂昂的芝诺定居于雅典。由这两位学者创立的哲学传统——伊壁鸠鲁主义和斯多葛主义（以芝诺在雅典讲学之地的彩绘柱廊命名）——硕果累累且源远流长。最重要的罗马哲学著作要么是伊壁鸠鲁学派的（卢克莱修、菲洛德穆），要么就是斯多葛学派的（塞涅卡、爱比克泰德、马可·奥勒留）。

我们对于希腊化时代雅典四大哲学流派的组织结构所知甚少。这些流派没有像亚历山大里亚缪斯宫那样的正式机构，也没有可以依靠的国家资助。或许我们应该认为它们是由教师和追随者组成的松散团体，就像我们今天所说的维特根斯坦或福柯的“学派”一样。令人惊讶的是，希腊化哲学的重要人物很少是雅典本地人。来自希腊世界各地的年轻人被吸引到雅典接受哲学训练，他们在这里大都由非雅典人来教授。雅典政府很快 71
便意识到，由于这些聪明年轻人的稳定拥入，它可以从中获益。公元前155年，罗马对掠夺邻近城镇奥洛普斯的雅典人处以巨额罚款，雅典人被迫派遣大使前往罗马乞求减少罚款数额。三位被选中的大使都是非雅典人，他们是当时三个主要哲学流派的领袖：学园领袖昔兰尼的卡尼阿德斯，逍遥学派法塞利斯的克里托劳斯和斯多葛学派塞琉西亚的狄奥根尼。

也许希腊化时代哲学最独特的特点是，它从政治学和政治理论转向了个人的培育和完善。柏拉图的《理想国》和亚里士多德的《政治学》对政治制度的规划在希腊化时代没有续篇。相反，伊壁鸠鲁学派和斯多葛学派（以及其他希腊化的思想流派，犬儒学派和怀疑学派）把哲学的任务理解为对个人灵魂的治愈。伊壁鸠鲁学派和斯多葛学派为减轻人类痛苦提供了不同的解脱途径：伊壁鸠鲁学派认为，唯一内在的善在于宁静和没有痛苦，这可以通过消灭坏习惯和虚假的欲望来实现；而对斯多葛学派来说，坚持不懈地运用理性思维和自我审视，将逐渐引导学生进入道德自由和具有自我尊严的境界。伊壁鸠鲁主义旨在提供一种一次性的、自足的通往美好生活的医疗捷径；而斯多葛主义则是一种持续的思维习惯，最终会带你抵达目的地。

这两个学派都不太关心自己狭窄的信徒圈以外的人类团体。斯多葛学派的个体——或者说人们相信——必然会理解自己作为“世界公民”的真实身份。因此，如果能说服足够多的人
72 接受斯多葛学派的学说，那么一个理性的、平等的、道德的社会将必然成为现实。当涉及希腊化城邦和王国中真实存在的法律与制度时，伊壁鸠鲁学派和斯多葛学派很少能提供什么有用的内容：他们能带着平静的优越感俯视希腊化政治乱七八糟的妥协和不公正。这样我们就很容易理解，在罗马帝国的统治下，斯
73 多葛学派如何成为富有的元老精英所青睐的学说。

第五章

不期而遇

向西眺望的阿育王

公元前255年左右，印度国王阿育王从恒河河畔的都城向西眺望，甚是满足。他自己的佛法伦理（“义”）现已占据了统治地位，或是阿育王自己如此相信，它已“超越国土所有的疆界，绵延到600由旬（约6 000英里）之远”。国王声称，佛教改宗在兴都库什以西的所有土地上都取得了成功：

> 在那里有统治着安提约科的尤纳王，在安提约科王国的疆土之外，还有图鲁玛耶、安提基尼、玛卡及阿里卡苏达罗四位国王。

“尤纳王”（即“爱奥尼亚”希腊人的国王）只可能是塞琉古国王安条克二世，他统治着从爱琴海到印度边界的广袤领土。位于安条克亚洲王国之外的“四王之地”，是埃及的托勒密二世、马其顿的安提柯·贡纳塔斯、昔兰尼的马加斯，以及伊庇鲁斯的亚历山大二世的东地中海诸王国。

也许除了上天，没有人知道阿育王可能与遥远的昔兰尼和伊庇鲁斯王国之间有着什么关系。尽管如此，他对东地中海政
74 治地理的理解令人印象深刻。印度与希腊的相遇对双方都产生了重大的影响：犍陀罗佛教艺术（希腊与印度风格的混合体）的异常繁荣，显然是次大陆与亚洲的希腊文明之间进行丰富文化交流的最显著例子。值得回顾的是，从希腊化时代的远东留存下来的最长的希腊语铭文是阿育王自己撰写的一份诏书，它被镌刻在现代坎大哈（阿拉霍西亚的古亚历山大里亚）的一块岩石表面上，铭文用精致且完美的希腊散文描述了国王的佛教哲学。

阿育王的铭文让我们感受到希腊化世界有着难以想象的规模；而就是在这一时期（公元前3世纪中叶），埃拉托色尼正在离阿育王的首都华氏城以西3 350英里的亚历山大里亚缪斯宫绘制和描述着这个世界。本章我们将考察希腊化文明的最外边界，在那里，地中海和西亚的希腊-马其顿社会与复杂而强大的非希腊邻国发生了摩擦。在远东，我们将造访阿伊哈努姆这座非凡的城市，它是一座位于阿富汗东北部阿姆河畔的希腊城市，拥有希腊剧院、美索不达米亚风格的寺庙和巨大的泥砖宫殿。向南，我们将跟随伟大的航海船长基齐库斯的欧多克索斯踏上他那穿越南大洋的探险之旅，由此筑起了托勒密埃及与印度次大陆之间的第一条交流之路。向北，我们将看到乌克兰南部的奥尔比亚，这座希腊城市长期受到西徐亚草原游牧民族的侵扰；而在遥远的西部，我们将考察到赫库兰尼姆的纸莎草别墅，这是

公元前1世纪中叶一位罗马贵族的豪华住所。

东部：兴都库什的亚里士多德

在阿富汗城市马扎里沙里夫以东130英里处的阿姆河左岸坐落着一座古城的废墟，今天被称为阿伊哈努姆（乌兹别克语中 75 的“月亮夫人”）。1964年至1978年间，一支法国考古队发掘了阿伊哈努姆的部分遗址，阿伊哈努姆在每一位希腊化历史学家的心中都占有特殊的地位。这是美索不达米亚以东唯一一座被发掘的希腊化时代的希腊城市：我们认为自己所知道的关于希腊人在远东的大部分历史都来自这一非凡的遗址。

阿伊哈努姆位于奥克苏斯河（即现代的阿姆河）与其南部支流科克查河之间的夹角处，大致呈三角形。这是一个很大的地方：穿过城市的主路笔直地延伸了一英里多，城镇近陆地的那一侧由一个巨大的泥砖防御工事所防御，该防御工事达一英里半之长（见图11）。该城市似乎是由塞琉古一世于公元前300年左右建立的，大约在亚历山大大帝征服阿富汗之后一代人的时间里。这座城市在历史上存在的时间非常短暂：约公元前145年左右，阿伊哈努姆被洗劫一空（不清楚被谁洗劫），之后便再也没有人定居过。

塞琉古并不是看到这一宏伟遗址潜藏价值的第一人。肥沃的阿姆河谷孕育出的古巴克特里亚，曾是阿契美尼德波斯帝国最富裕的省份之一。在阿契美尼德王朝的统治下，阿伊哈努姆似乎已成为巴克特里亚上游的一个行政中心；在阿伊哈努姆，伟大的希腊化宫殿建筑群与城市的其他部分朝向不同，可能修建在一座阿契美尼德王朝时期的宫殿遗址之上。但这座希腊化城

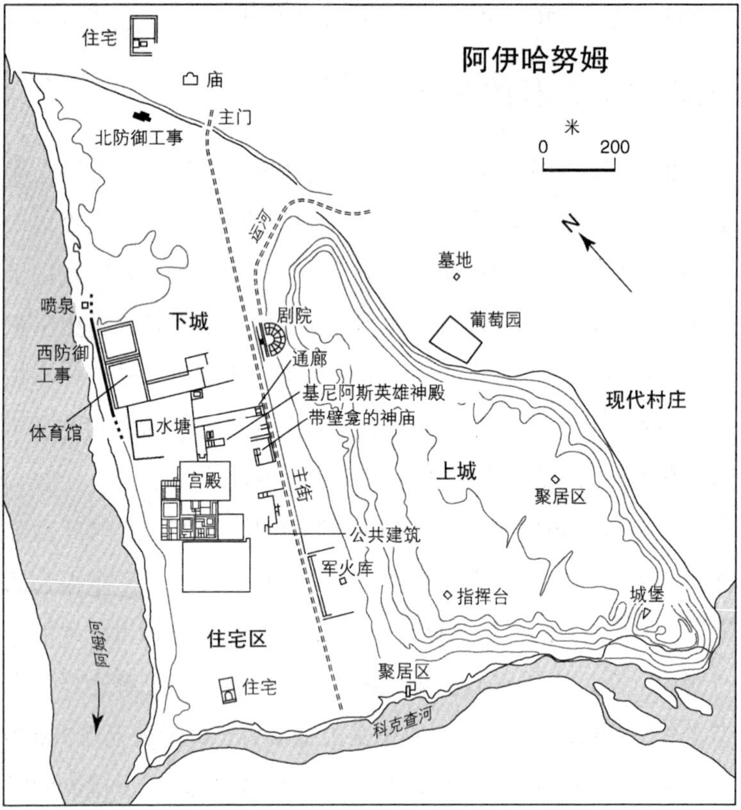

图11　阿伊哈努姆的遗址示意图

市的规划规模，要远远大于它那公认的前身阿契美尼德王朝时期的城市。宏伟的希腊式公共建筑群——一座剧院、一座巨大的体育馆、一座军火库——沿着穿过小城的主要道路连成一片。主要住宅区（在遗址最西端的角落）由非常大型的私人住宅组成，配有希腊风格的私人浴室。在城镇的中心，矗立着一座英雄
76 神殿，供奉着城市的创建者——塞萨利的基尼阿斯；正是在这里，在基尼阿斯的陵墓前，古希腊七贤的格言被镌刻在石灰岩柱

子上，这些格言由旅行的哲学家克莱尔库斯从德尔斐阿波罗神殿复制而来（参见第一章）。

乍看之下，阿伊哈努姆像是从爱琴海移植到中亚心脏地带的希腊城市。除了瓦片上的一小片阿拉姆语外，阿伊哈努姆的每一份书面文件都是希腊语；从宫殿宝库中取出的莎草纸和羊皮纸碎片保存着亚里士多德一部失传的哲学作品，以及一部看起来像是古希腊悲剧的作品。阿伊哈努姆的公共建筑装饰有科林斯式柱子、鹅卵石马赛克地板以及希腊的陶土瓦片。人们很 77
容易把阿伊哈努姆想象成阿姆河畔的一个殖民的“小希腊”。

这听起来极具诱惑力，但事实上是错的。阿伊哈努姆拥有希腊风格的剧院和体育馆，但这并不能证明打造这些建筑的人属于哪个种族，或他们将这些建筑用于何种用途。几乎没有迹象表明，阿伊哈努姆曾经是一个希腊城邦：在这里没有发现刻有铭文的公民法令，也缺少许多希腊公共生活所必需的典型建筑（没有议会建筑、长老院或广场）。阿伊哈努姆的主神庙（“带凹形壁龛的神庙”）里供奉着一位不知名的神灵，是一座用泥砖砌成的、矮而宽的美索不达米亚式结构，完全不同于我们所知的任何希腊式宗教建筑。巨大的宫殿赫然耸立在城镇的中心，它与阿契美尼德王朝的宫殿建筑最为相似，宫殿似乎既是当地统治者或总督的正式驻地，又是储存和再分配贵重物品的中心（在宫殿的宝库中发现了未经加工的青金石块，这些青金石开采于阿伊哈努姆的东北部山区）。

有鉴于此，人们甚至开始怀疑阿伊哈努姆的居民是不是希腊人。也许他们是，也许他们不是，这完全取决于我们对“希腊人”的定义。至少有一些最初的定居者如塞萨利的基尼阿斯，是来自爱琴海的移民。但希腊人和巴克特里亚人之间的通婚显然是很普遍的：塞琉古国王安条克一世就是马其顿人塞琉古与一位名叫阿帕玛的索格底亚那公主所生。即使是那些最终没有与希腊家庭联姻的当地人，也一定有很强的动机去取希腊名字、学习希腊语，并至少接受一些希腊的文化习俗。在阿伊哈努姆肯定没有任何种族隔离的迹象：公元前2世纪宫廷国库的文件显示，
78 那些拥有希腊名字的人与拥有伊朗和巴克特里亚名字的人在一起工作。阿伊哈努姆人热衷于在某些场合（如剧院、体育馆）“扮演希腊人”，但同样乐于在其他场合（如公共宗教，也许还有政治领域）“扮演巴克特里亚人”。至于他们“真正”属于哪个种族，可能并没有那么重要。

在阿伊哈努姆，希腊人和非希腊人之间的界限显然是非常模糊的。巴克特里亚的其他地方似乎也是如此。在阿伊哈努姆下游100英里处，有个地方叫塔赫特–伊·桑金，坐落着一座希腊化时期的伊朗式神庙的遗址，在那里，那些拥有巴克特里亚名字的人向当地的阿姆河河神献上希腊风格的供品。一个名叫阿托索克斯的人立了一个小铜像，上面描绘了希腊神话中的萨梯神马西亚斯，并附有希腊语的简短铭文（“阿托索克斯将此献给阿姆河，以履行誓言”：见图12）。这座神庙的另一篇希腊铭文首次出版于2008年，是一个更丰富的跨文化产物：“尼米斯科斯之子，掌玺官（*molrpalres*）伊罗莫伊斯，依照誓言，将一个重达七塔兰特的青铜釜献给阿姆河。”献词本身除了一些拼写上的怪异之处外，从形式上看是完美的希腊语。但奉献者有一个伊朗名字“伊罗莫伊斯”；他父亲的名字“尼米斯科斯”可能源自希腊或贵霜；而“*molrpalres*”是一个巴克特里亚词语，显然意思

图12　阿托索克斯对阿姆河的奉献　　80

是“掌玺官”。这篇短文是希腊化时代远东新生的“希腊-巴克特里亚”混合文化的一个完美例证：奇特的交流方式，以新的方式崇拜旧神，新的定居者逐渐变得与当地人难以区分。

可悲的是，关于希腊人和巴克特里亚人在阿伊哈努姆的不期而遇，我们不可能了解得更多了。近年来，像阿富汗、伊拉克和叙利亚的许多其他考古遗址一样，阿伊哈努姆也被当地的寻宝者挖得光秃秃的：今天，这座遗址已经沦为荒凉的月球表面，布满了坑坑洼洼的陨石坑。自2002年以来，大量来自巴克特里
79 亚的希腊化艺术品——铭文、钱币、雕塑、珠宝——涌入国际古物市场，讲述着自己令人忧伤的故事。

南部：雨季的阿尔戈英雄

直到公元前4世纪晚期，希腊人都还不知道印度洋的存在。人们传统上认为红海和波斯湾属于内陆海。当亚历山大大帝在公元前326年进入印度时，他仍然认为印度河和尼罗河是相连的，这一假设似乎被印度河中鳄鱼和荷花植物（以前被认为是尼罗河所特有的）的存在短暂地证实了。在印度河入海口有一片汪洋大海，这令亚历山大及其部下感到大为震惊。公元前325年，亚历山大的海军上将尼阿库斯被派往西部，探索俾路支斯坦沿岸的航海路线；他带回了一些关于深海中巨大海洋生物的怪异故事，这些生物把海水从下往上吹，就像是从水龙卷里吹出来的一样。

尼阿库斯从印度河到幼发拉底河口的海上旅程，向希腊化时代的希腊人展示了一个广阔的新南方海洋世界。公元前3世纪至前2世纪，波斯湾由塞琉古王国的一位掌管“泰勒斯［巴林］

及其群岛”的总督来管理，其驻地位于遥远的希腊殖民前哨基地巴林堡；塞琉古王朝的君主们，与东阿拉伯沙漠的商队城市格尔拉（现代的塔伊）建立了一种有利可图的贸易关系。但几乎没有迹象表明，塞琉古人将他们的势力扩展到阿曼半岛以外的地方。印度洋的开辟是尼阿库斯开拓性航海二百年后一次偶然的不期而遇的结果。

公元前120年左右，在“胖子”托勒密八世统治后期，一位名叫欧多克索斯的人来到埃及。欧多克索斯是他的家乡土耳其西北部城市基齐库斯的一位大使，他被派往亚历山大里亚去宣布即将在基齐库斯举行一个重大国际节日的庆祝活动。希腊历史学家波塞冬尼乌斯讲述了这个故事： 81

> 欧多克索斯偶遇了国王和朝臣们，并陪同他们沿尼罗河而上，因为他天生对陌生的地方感到新奇，由此游历过很多地方。这时恰巧一个印度人被红海的卫戍部队带到国王面前，他们说就发现他孤零零一个人，失事船只，半死不活；至于他是谁、从哪里来，他们也不知道，因为根本不懂他在说什么。国王将此人交给民众教授他希腊语，于是他学会了这门语言，解释说他是在从印度航行时迷了路。他所有的船友都饿死了，只有他一个人安全地到达了埃及。他保证自己说的话都是真的，并答应带领国王挑选的船员前往印度。欧多克索斯就是被选中的船员之一。

这位不知名的印度人给希腊化世界带来了季风知识。每年3月至9月，西南季风从索马里平稳地吹向印度；冬天，风向改变，帆船可以从次大陆直接穿越辽阔的海洋，到达红海入海口。欧多克索斯和他的船员们，是第一批通过这条航线抵达印度的希腊人；一年后，他坐船回到埃及，船里满载香水和宝石。几年后，即公元前116年或前115年，欧多克索斯第二次前往印度，这次的远征规模更大。在返回途中，狂风把他吹离了航线，他在非洲之角以南的索马里海岸登陆：

> 在这一偏远的地方上了岸，欧多克索斯通过分给当地人面包、酒和无花果干——这些都是他们以前从未见过的——从而赢得了当地人的好感；作为回报，当地人给他水喝，并为他指引方向。欧多克索斯编制了一份当地词汇的列表。在这里，他还碰到了一艘失事船只的木制船头，上面雕刻着一匹马。在得知这是从西方来的水手的沉船后，他便带上了船头，起航回家。

据我们所知，这是欧多克索斯横渡印度洋的最后一次航行。他发现的这条贸易路线被后来的托勒密诸王充分利用，接着又为罗马人所用：在印度南部和斯里兰卡发现了大量的罗马钱币，红海的罗马港口接收了大量的印度胡椒、象牙、香料和奢侈品。欧多克索斯脑海里似乎一直萦绕着那个从索马里海岸带回的刻有一匹马的船头。亚历山大里亚的船长们认出船头来自加德拉（现代的加的斯，位于直布罗陀以西）的小渔船，这些小渔船通常在大西洋沿岸往来从事贸易。欧多克索斯认为——不管他的观点是对是错——其中一艘船向南偏行得太远了，最终绕过好望角海峡抵达了索马里。

最后，欧多克索斯变卖了他所有的家当，为向西非海岸的探险筹集资金。在第一次尝试中，他向南航行，越过了加那利群岛（他看到了那里，但没有去探险），“直到他遇到了一些人，这些人所说的一些词汇和他之前记下的一模一样”。对于我们而言，很难相信毛里塔尼亚的土著真的和古索马里的居民说着同一种语言，但这足以让欧多克索斯相信，从西非通往印度这条航线是可行的。大概在公元前100年左右，他驾着两艘精良的船只，开启了第二次通往好望角的旅程，船上载有农具、种子和木匠，以备他们在加那利群岛或更遥远的非洲大陆过冬之用。后来再也没有人听说过他。 83

北部：普罗托格尼斯和塞塔芬尼斯

公元前6世纪，古希腊爱奥尼亚城市米利都的商人建立了一个名为奥尔比亚的小型贸易站，该站位于现代的布格河（古代的海帕尼斯河）入海口，即黑海北部海岸敖德萨以东五十英里处。奥尔比亚迅速发展成为希腊在黑海最繁荣的聚居地之一，与北部草原上的各个民族——希腊人称之为“斯基泰人”——进行着繁荣的皮草、奴隶和牲畜贸易。尽管人们在位于乌克兰的公元前4世纪斯基泰人的墓葬中发现了壮观的“希腊-斯基泰”金属制品，显示了两个民族之间集中而丰富的文化交流，但我们无法追溯奥尔比亚的希腊人和斯基泰人之间详细的关系史。希罗多德保存了一个关于斯基泰国王西尔斯的离奇故事，西尔斯是公元前5世纪中期的一位草原酋长。据说，他在奥尔比亚拥有一座宽敞的房子，周围环绕着狮身人面像和狮鹫雕像，他习惯去那里度希腊风格的假期，他穿着希腊服装，像普通公民一样祭拜奥尔比亚的希腊众神；几周后，他又会恢复正常的斯基泰服饰，回到他在大草原上的王国。

公元前200年左右，奥尔比亚的一篇希腊化时期的长篇铭文清晰地呈现了希腊与斯基泰的关系。这篇铭文是为了纪念一位名叫普罗托格尼斯的公民而颁布的法令。他是一名富有的公民捐助者，在面对一系列的危机（如粮食短缺、私人和公共债务增加、短期流动性资产不足）时，多次用现金礼物和贷款来拯救他的城市。在希腊世界中逐渐出现“普罗托格尼斯”这样的人物——我们可以称之为“职业救主”，他们是超级富有的个体，为获得良好的公共荣誉，而充当他们同胞的经济守护者——是希腊
84 化后期的一个重要特征，我们将在第六章继续探讨这一话题。

奥尔比亚（大概还有整个黑海北部地区）的独特情况是：它受到邻近大草原的斯基泰人——尤其是一个被称为塞欧伊的部落——不断施加的财政压力。塞欧伊人被划分为几个不同的小酋长领地，由被称为“权杖持有者”的人统治；最重要的酋长，也许是整个部落的国王，是一个叫塞塔芬尼斯的人。塞塔芬尼斯和其他斯基泰统治者会定期沿着海帕尼斯河顺流而下，来到奥尔比亚领土的边界，并向奥尔比亚人民索取“礼物”。这些“礼物”的形式通常是装满金币的大袋子：奥尔比亚人不止一次发现自己无法筹集到索要的金钱，于是请求普罗托格尼斯帮助他们：

> 当塞塔芬尼斯国王到达坎基托斯并索要应得的“礼物”时，国库已经耗尽，于是普罗托格尼斯受到人民的召唤，他给出了400金币……（一段时间之后），当塞欧伊人前来搜刮礼物时，人们已经无法满足他们，只能再次请求普罗托

格尼斯出面帮助解决这场危机；他挺身而出，承诺给出400金币。当他被选为该市的九大地方长官之一时，他又借出了1 500金币，这笔钱将由该市未来的收入偿还，从而及时地安抚了几位权杖持有者，若干礼物也有报酬地被提供给了国王。

如果认为奥尔比亚向塞欧伊人支付的这些款项是简单的勒索，或者（更为慷慨地）看作半正式的“斯基泰贡物”，那就大错特错了。事实上，“礼物”这个词对这些偶尔的交流来说恰如其分。对塞欧伊人而言，定期从奥尔比亚人那里收到仪式化的礼物是相互尊重和善意的表示：定期交换礼物象征着并明确了双方之间持续的友谊。因此，塞塔芬尼斯似乎比奥尔比亚人更加重视正常的“送礼”仪式。有一次，塞塔芬尼斯和奥尔比亚之间的关系似乎完全破裂了，原因是在交换礼物时无意中出现了某 85
种致命的过错：

> 当塞塔芬尼斯国王到达河的另一边（奥尔比亚）接收他的礼物时，地方官员召集了一个集会，报告了国王的到来，并说这座城市的收入已经枯竭；这时，普罗托格尼斯站了出来，捐赠了900金币。但是，当大使们、普罗托格尼斯和贵族们拿着这些钱去见国王时，国王却拒绝了这些礼物，勃然大怒，并撤了他的营地……

这一侮辱的性质有些不太清楚；事实上，奥尔比亚人自己可能并不清楚他们到底做错了什么。

为纪念普罗托格尼斯而颁布的法令的后半部分，描述了一种截然不同的且危险得多的事态。由于奥尔比亚与塞塔芬尼斯和塞欧伊人的良好关系，这座城市的部分地区没有城墙，而那些曾经存在的防御工事也成了一片废墟。但有传言开始流散，一个新的威胁正从大草原逐渐逼近：

> 逃兵们开始传来报告，说迦拉太人和斯基罗伊人已经结盟，集结了大批军队，当冬天来临时他们就会来到这里。他们还报告说，提萨纳泰人、斯基泰人和苏阿达拉泰人急于夺取要塞（即奥尔比亚城），因为他们也同样害怕迦拉太人的野蛮行为。正因为如此，许多人陷入绝望，开始准备放弃这座城市。与此同时，这座城市的农村地区也遭受了许多损失：所有的奴隶都已经逃之夭夭，居住在山那边的半希腊人也是如此，他们的人数不少于1 500人，在之前的战争中他们还作为我们的盟友在这座城市作战；许多外国居民都逃走了，许多公民也是如此。

一群迦拉太凯尔特人从多瑙河下游盆地向东迁移，剧烈地打破了希腊奥尔比亚与其邻国斯基泰之间的平衡。据法令所说，附近的斯基泰部落现正计划夺取奥尔比亚，以便有一个防御基地来抵抗即将来临的迦拉太人的入侵。法令接着描述了普罗托格尼斯如何为快速修复环绕城市的城墙而筹集资金。我们不知道那个恶劣的冬天在奥尔比亚究竟发生了什么；普罗托格尼斯法令幸存下来的事实可能表明：无论是对抗迦拉太人，还是对抗奥尔比亚以前的盟友斯基泰人，这座城市的防御都是成功的。

最后，我们很想知道更多的关于居住在奥尔比亚腹地的神秘的“半希腊人”的信息。农村的奴隶人口在奥尔比亚的部分土地劳作，这一点并不令人惊讶：希腊化世界的许多希腊城市（如果不是大多数的话）也是如此。发现一个具有混合种族起源的群体是更有趣的事情，他们似乎生活在奥尔比亚领土的一个独特区域（“山外之地”）。显然，这些农村的“半希腊人”并不是奥尔比亚的公民，他们对奥尔比亚的忠诚充其量只是断断续续的。我们不确定奥尔比亚人是否有自己正式的“纽伦堡法”；至少，在这个希腊化世界的边缘，“真正的”希腊人特别热衷于将他们自己与半斯基泰的混血人区别开来。

西部：纸莎草别墅

公元79年维苏威火山爆发后，在那不勒斯海湾被火山物质所掩埋的诸多遗址中有一座巨大的私人住宅，在此可眺望到罗马小城赫库兰尼姆西北郊区的海滨。1750年代到1760年代间，这座房子得到了部分挖掘，很快就因其精美的青铜和大理石雕塑而闻名（总共约85件，现陈列于那不勒斯考古博物馆），最重要的是，还有1 000多个碳化莎草纸卷，其中大部分是在主屋的 87
一个小“图书馆”里发现的。

这座房子——通常称之为纸莎草别墅——似乎建于公元前50年后不久（见图13），是一座巨大的、杂乱延伸的建筑，占地面积约为250米×80米（2万平方米）。主屋包含几层富丽堂皇的房间，围绕着一个中庭；一个幽长而整齐的花园，四面都围有柱廊（“圆柱体”），花园从主宅向西北延伸。房子的主人显然属于罗马社会的最上层。因此，当发现别墅里出土的几乎所有莎草纸卷都是希腊文而不是拉丁文时，肯定会令人惊诧不已。大部分莎草纸卷都包含了非常专业的伊壁鸠鲁学派的哲学作品，其中主要是一位二流伊壁鸠鲁思想家加达拉的菲洛德穆（约前110—前40）的著作。事实上，这一收藏看起来很可能是菲洛德穆自己的私人图书馆，无疑是他死后遗赠给纸莎草别墅主人的。菲洛德穆的许多作品都献给了他那位富有的罗马庇护人，一位名叫卢修斯·卡尔普尔尼乌斯·皮索·凯索尼亚努斯的贵族，尤利乌斯·恺撒的岳父。此纸莎草别墅可能是卡尔普尔尼·皮索尼斯家族的乡间居所——这是一个合理的猜测，不过，也只能是猜测。

在希腊化世界里，希腊人和非希腊人之间的任何不期而遇，都比不上公元前2世纪和前1世纪意大利的罗马人与东方的希腊人之间的联系那样丰富（和复杂）。希腊人和意大利人在很长一段时间里都一直保持着联系。自公元前8世纪以来，意大利南部和西西里岛就分布着希腊殖民地；而距离赫库兰尼姆西北方向仅六英里的那不勒斯（古称纳波利斯），则是希腊人在公元前6世纪建立的定居地。因此，共和国晚期的赫库兰尼姆或庞贝城的私人住宅显示出希腊影响的痕迹一点也不令人惊讶。但是，从公元前220年代罗马第一次征服希腊化的东方后，意大利
88 的非希腊部分（包括罗马）的“希腊化”进程才急剧加速。公元前2世纪的意大利充斥着来自希腊东方的战利品（雕塑、绘画、金属制品等）。罗马城内的第一座大理石建筑——战神广场内的朱庇特神庙，就是罗马将军昆图斯·凯基利乌斯·梅特卢斯为了纪念他在公元前148年战胜马其顿的王位觊觎者安德里斯库斯而建；梅特卢斯还选择了希腊建筑师来设计神庙，这很能

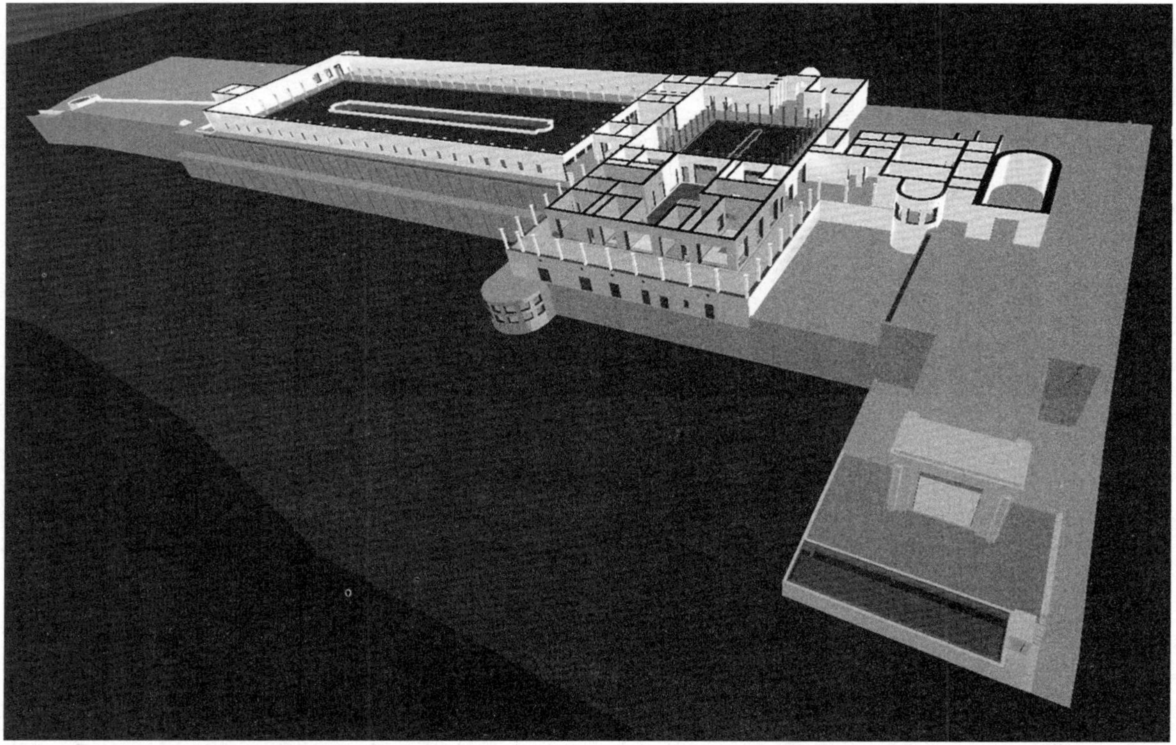

图13　纸莎草别墅的现代复原图

说明问题——也许还带有几分讽刺意味。

对罗马贵族精英来说，接受希腊的物质文化成为他们的“征服阶级”成员的象征。纸莎草别墅是共和国晚期的意大利希腊化精英文化的最佳范例之一。这座房子外观形式的设计是为了勾起人们对当时希腊城市公共建筑的记忆。巨大的柱廊花园（列柱中庭）模仿了希腊体育馆的柱廊庭院，后者是东方希腊化城市主要的教育和休闲场所。罗马贵族甚至用希腊公共建筑的名称来命名他们的部分房屋：西塞罗把他在图斯克鲁姆的柱廊花园别墅称为他的“体育馆”“体育场”，甚至是“学园”（以柏拉图在雅典的学园名称命名）。如一些历史学家所猜测的那样，如果菲洛德穆的最后几年确实是在纸莎草别墅里度过的，那附属于别墅的这座仿体育馆可能的确有一位希腊哲学家在其精美的门廊中漫步过。

纸莎草别墅的雕塑装饰生动地展现了共和国晚期罗马精英的文化诉求。几乎所有的雕塑都是早期希腊雕像或半身像的复制品，它们描绘了希腊众神和女神、哲学家、希腊化时代的国王以及运动员。别墅中几个较小的房间里陈列着希腊哲学家的微型“桌上式”青铜半身像，其中尤以伊壁鸠鲁学派的成员居多。
90 希腊名作的复制品还包括一尊真人大小的仿真铜像，仿造的是波利克莱塔斯《持矛者》的头像，还有一尊泛雅典的跨步雅典娜大理石像。在园内，还有一尊超越真人大小的公元前4世纪雅典演说家埃斯基涅斯的雕像，这座雕像俯瞰着柱廊花园，园内还点缀着希腊化时代早期国王和统治者的大理石半身像（如德米特里乌斯·波利奥塞提斯、帕加马的菲利泰鲁斯、伊庇鲁斯的皮洛士等）。

人们为分析解读纸莎草别墅雕塑的“设计”贡献了很多智慧。这栋别墅的主人是否将自己的政治生涯与希腊的著名演说家和希腊化时代国王的生活进行了象征性的类比（修辞上的成功、开明的政治家风度、军事上的美德等）？各式各样的半身像是否意在唤起罗马贵族的双重生活——一种涉及演讲、政治和战争的公共生活，以及一种涉及哲学和文明休闲的私人生活？也许吧，但我们可能是对一种相当混杂的选择进行了过度解读。我们有一系列西塞罗写给他的朋友阿提库斯（当时住在雅典）的信，主要是请他以一个好的价钱来收集他所能找到的任何关于希腊雕塑的旧物，以便装饰西塞罗在图斯克鲁姆的别墅。甚至是像西塞罗这样高度文明的罗马人，也不会对他的花园家具的细节过于在意，只要整个藏品散发出希腊的文明气息就行了。值得一提的是，纸莎草别墅也包括了一些没有那么崇高主题的雕塑。在最显眼的位置，主屋外的柱廊尽头，矗立着一座显眼的（技术精湛的）大理石雕塑，刻画的是萨梯神强奸一只母山羊的场景——也许这里并没有任何象征性的类比。

不管怎样，纸莎草别墅都是一种生活方式的象征，这种生活方式在亚得里亚海以东的任何地方都是难以想象的。我们可以推断，在希腊化时代的希腊世界里，像卡尔普尔尼乌斯·皮索和菲洛德穆这样对知识分子的私人庇护是不存在的；即使是马其顿国王，也不会如此粗鄙地去购买一位哲学家来作为自己个人地位的象征。尽管罗马人对希腊的奢华进行了道德上的说教，91
但在希腊化的东方，没有任何地方的私人住宅（也没有多少王室宫殿）能达到纸莎草别墅那样的规模。这种以公元前6世纪到公元前2世纪的希腊原作为基础，以杂糅的风格制造出青铜和大理石的仿制品，并将这些作品用作希腊艺术的私人收藏的想法，没有任何真正的希腊化的匹敌者。尽管罗马人对伊壁鸠鲁哲学有着极大的热情，但对于一个生活在公元前2世纪或前1世纪的希腊人来说，罗马人看起来也一定和任何巴克特里亚人或斯基
92 泰游牧民族一样奇怪和陌生。

第六章

普林恩

站在小亚细亚西部迈安德河谷的北翼俯瞰洪泛平原，耸立的特洛尼亚大岩石隐约可见。特洛尼亚从米卡勒山脉向外突出，是一个巨大的天然要塞，南面和西面的陡峭悬崖成为它的保护屏障。在大岩石的脚下、迈安德平原之上，土地逐渐趋向平缓，从而形成了一系列层层递降的天然梯田，高出谷底约30米到130米。公元前4世纪中叶，这里建立了希腊小城——普林恩。

现如今，普林恩位于内陆约七英里处。这一距离并非一直如此。在古代，迈安德河因其大量淤泥顺流而下而闻名，导致其三角洲前缘向西推进的速度比地中海任何其他水道都要快。公元前4世纪之前，在普林恩人的出海口被流动的迈安德三角洲冲积物所阻塞之前，他们一直居住在山谷更上游的某个地方，也许就在现代的瑟凯附近。公元前350年左右，普林恩人收拾行囊和财物，向西南方向迁移了五英里到十英里，到达了特洛尼亚，顺流而下追寻三角洲前缘。在迈安德冲积层无情地前进而再次封

93 住了他们的港口之前，这座新城市繁荣了大约二百五十年左右。

因此，普林恩遗址也许是我们保存得最为完好的一座普通的希腊化小城。从希腊化时代伊始，这座城市就建在一片绿地之上；公元前2世纪后期，城镇的大部分地区被大火烧毁，再也没有重建过，此后也很少有重大的建筑工程在此实施。虽然在罗马和拜占庭时期，普林恩一直有人居住，但人口似乎一直很少，城市的实体结构也几乎没有什么变化。来自普林恩的已知的397份希腊铭文中，只有63份（16%）可以确定日期是公元前50年以后，而这63份中的大多数都是简短的涂鸦；在大约200份左右的公共铭文（公民法令、尊崇的雕像基座、希腊化时期国王的信件）中，只有两到三篇铭文的日期是在奥古斯都统治时期之后。公元前1世纪，普林恩运作良好的城邦生活基本停止了，这给我们留下了一幅异常清晰且生动的希腊化城市图景：一个真正的希腊化世界的庞贝城。

城市规划

普林恩的城市规划者们开始以几何学的精确度进行工作。特洛尼亚山脚下可供建造的土地是一块不规则的空间，占地面积大约为15公顷（37英亩），在高度上向北急剧上升。这个空间被划分为一个矩形的网格图，以相当整齐的城市街区为划分依据（当地的测量单位为120英尺×160英尺）。这些街区大多为私人住房所占用，通常每个街区有8栋住房，面积是严格统一的（207平方米）。这座城市共有大约480个住房单元，这表明城市总人口的绝对最大值可能达到5 000人（假定每户10人的上限）。在陡峭的斜坡上严格应用这种网格规划，意味着许多街道，特别是那些南北走向的街道，必须采取阶梯的形式，就像现代的旧金山一样。新城市的主要公共建筑被划分到网格中：剧院正好占据了一个半街区，而雅典娜的中央神殿则占据了整整 94
三个街区（见图14）。

很难说我们应该在多大程度上解读普林恩私人住宅的“平等主义”规划。从某一点来说，我们可以看到早期希腊化时代的普林恩被强大的民主意识形态所统治，其统一的房屋大小反映了城邦公民之间的绝对平等。为了支持这一信念，至少公元前4世纪时普林恩的一些农村地区被分割成了大小一致的农田（50舍诺伊，约5公顷或12英亩），这表明普林恩的公民可能在城市

图14 普林恩城

和农村空间中享有完全平等的份额。然而，这一结论的确定还
须谨慎。人们在公元前5世纪和前4世纪的几座希腊城市中都
95 发现了统一的住房，其中一些城市明显是由寡头统治的：对于来
自公元前4世纪的希腊游客来说，普林恩的布局可能不会给他们
留下明显的“民主”印象。普林恩的许多公民——也许是大多
数——并不住在城市里，而是住在周围的乡村。在新的城市中
心没有真正的大房子，这可能仅仅意味着富人选择在其他地方
居住。我们应该记住，普林恩的“民主”并没有扩展到在城市领
土上生活和工作的大量非希腊人，他们仍然像农奴一样在土地
上劳作。普林恩的财富建立在严重压迫农村“平原居民”的基
础上，这些人是小亚细亚西南部的本土卡里亚村民，他们不时地
起来反抗他们的希腊主人。

也就是说，早期希腊化时代的普林恩确实给人一种繁荣、紧密团结的社区印象，具有强烈的公民精神。这座新城市的公共空间设计带有节制的优雅，他们不惜花费巨资，用精雕细琢的蓝灰色大理石墙来装饰穿过城市的主要道路和阶梯（见图15）。普林恩的公民本体虽然很小，但在危急时刻却能齐心协力地团结在一起，这令人印象深刻。公元前270年代中期，普林恩的领土遭到一群迦拉太凯尔特人的蹂躏，凯尔特人于公元前278年穿越到亚洲，花了数年时间掠夺了小亚细亚西部沿海富饶的山谷。城市的乡村避难所被洗劫一空，迈安德平原的农舍被纵火焚烧，许多居住在普林恩领土上的希腊人被杀或被虏。在这一点上，正如我们从一位名为索塔斯的公民的长篇荣誉敕令中所了解的，普林恩人临时拼凑了一支公民民兵组织来对抗迦拉太人：

图15　普林恩的阶梯道路，右边是雅典娜神殿的台阶墙

> 普林恩的民众已经做好了战斗的准备，以对抗那些亵渎神明、对希腊人施暴的蛮族人，他们派出有偿的公民步兵和马匹饲养者，全力向蛮族进军；索塔斯召集了最勇敢的 96
> 市民，以及那些愿意参加反抗蛮族斗争的（非希腊）农村居民，决心营救那些住在农村的公民及其孩子、妻子和财产，并将他们安全地带到城里。索塔斯夺取了领土中最具战略重要性的地点……和他的同伴一起，拯救了许多被迦拉太人掳去的公民……因为他们敢于面对那些人的野蛮行径。

普林恩人完全有能力在战斗中为自己挺身而出。不过，值得注意的是，他们并不能指望非希腊的“平原居民”忠心耿耿，因为他们当中只有一些人愿意与迦拉太人作战。索塔斯的突击

队只关心居住在乡村的公民的安全；其余的农村人口则只能自
97 己照顾自己。也许最有趣的是，普林恩有一个独特的“养马人”阶层的存在，他们在战争时期充当城市的骑兵。尽管普林恩奉行平等主义的公民精神，但很明显仍存在着某种贵族血统，这类贵族就像自古以来希腊的精英们所做的一样，以养马人的身份来定义自己。

普林恩城与国王们

小亚细亚西部富饶的沿海山谷，人口稠密、易于征税，对任何希腊化国王或统治者来说都是诱人的战利品。在亚历山大死后的第一个世纪，普林恩不得不应对马其顿一批批迅速更换的统治者：“独眼龙”安提柯、色雷斯的吕西马库斯，以及一系列交战中的托勒密国王和塞琉古国王（他们争夺小亚细亚西南部的斗争贯穿了整个公元前3世纪）。普林恩人不得不谨慎行事，在与可能的对手保持外交关系的同时，大方展示对小亚细亚现任掌权者的忠诚。对我们来说幸运的是，这座城市将其与希腊化国王（以及后来与罗马元老院）之间最重要的往来关系记录在了一种不朽的公共档案中，镌刻于雅典娜·波利亚斯神庙的北门廊柱墙上。该神庙于1868年或1869年由英国迪莱坦蒂学会首次发掘，因此这座珍贵的普林恩“档案墙”的很多内容现正展览于大英博物馆。

镌刻在神庙墙上的第一段文本是两行简短的声明：“亚历山大国王将神庙献给雅典娜·波利亚斯”。我们不知道，亚历山大大帝在公元前334年穿过小亚细亚西部的行军过程中，是否真的造访过普林恩（事实上，我们并不知道普林恩新城当时是否存在：很可能当时只是一个半成品的建筑工地）。但亚历山大渴望自己被视为将小亚细亚西部希腊城市从波斯帝国暴政中解救出来的解放者，他很可能愿意支付部分乃至全部的神庙建设费用，以换取自己的大名被醒目地刻在建筑的入口处。 98

在这两行献词的下面，普林恩人刻了一段很长的摘录，摘自亚历山大的一项法令，内容涉及马其顿新统治者统治下的城市的法律和财政状况。普林恩人将被免除联邦税（显然是一种应向国王缴纳的军事税），并享有自治和自由，就像所有居住在该城附属港口城镇瑙洛雄的希腊居民一样。位于“大海和桑代斯山之间”的一片土地，被定义为该市的免税领土；这片土地以外的村庄成为亚历山大的私人财产，需向其进贡，就像从前向波斯国王进贡一样。

虽然这项法令的颁布时间可以追溯至公元前334年，但在大约五十年后，也就是公元前280年代中期，普林恩人才将该法令刻在他们的档案墙上。为什么会延迟如此之久？最有可能的是，普林恩作为马其顿东方的一个希腊特权社区，享有“自治和自由”以及某些重要的税收减免特权，其地位受到了其中一位继业者国王（很可能是吕西马库斯）的威胁。对于普林恩人来说幸运的是，他们能够援引这份亚历山大大帝亲自撰写的法令，以此来保证其特殊的财政地位。到公元前3世纪早期，亚历山大关于此类事情的决定已经获得了法律地位，或者至少说，一位像吕西马库斯这样的希腊化时代的国王并不能扭转亚历山大对这座城市的最初政策。

事实上，吕西马库斯有充分的理由支持普林恩。公元前287年，“围城者”德米特里乌斯入侵了小亚细亚西南部的吕西马库

斯的领地（参见第三章），并赢得了普林恩东邻马格尼西亚城的支持。迈安德平原上的非希腊农奴都投靠了德米特里乌斯，而
99 普林恩的领土被德米特里乌斯的军队、马格尼西亚人以及叛乱的平原居民组成的联盟所蹂躏。普林恩人明智地保持着对吕西马库斯的忠诚。几个月后，德米特里乌斯被吕西马库斯的王室军队击败，而普林恩人则重新获得了他们想要的特权地位（档案墙上有及时的记录）。普林恩以当时的传统方式表达了对吕西马库斯的感激之情，为其竖立了一尊巨大的青铜雕像，还建立了一整套崇拜仪式，并于每年国王的生辰之时献上祭品。

几年后，地缘政治环境再次发生变化。公元前281年春，吕西马库斯在库鲁佩迪安战役中被塞琉古一世击败并杀死。普林恩人立即在雅典娜神殿里为他们的新主人塞琉古及其儿子安条克建了新的雕像，可能还有与之相关的统治者崇拜；毫无疑问，已有的吕西马库斯雕像已经悄无声息地退役了（没有留下任何痕迹）。随后一位名叫拉里库斯的塞琉古军官出现了。公元前270年代中期，塞琉古国王安条克一世在普林恩的边界授予了拉里库斯一大片私人地产，该土地由奴隶而不是农奴来耕作。普林恩人争先恐后地想要争取这位强大的新邻居加入他们的阵营。他们先是投票决定在雅典娜的神殿里塞琉古和安条克二人的雕像旁，为拉里库斯立一尊铜像，然后很快又改变了主意，决定在普林恩的主要集市上，以更加明显的方式向他表示敬意：

> 否决了之前在雅典娜的神殿里建铜像的投票后，人们转而在集市广场为拉里库斯建了一尊骑马青铜雕像，并让

> 他的家畜和奴隶都享有免税的待遇，他在私人地产和城市中都拥有大量的家畜和奴隶，这样，民众就会被认为是在向拉里库斯表达感激，从而值得他的恩惠。

我们说不准拉里库斯的恩惠是什么；或许最有可能的是他代表普林恩人向塞琉古国王求情。也不清楚为什么普林恩人决 100
定在广场上而不是在雅典娜的神殿里为拉里库斯建造雕像：也许他那巨大的骑马雕像会被认为盖过了神殿里已有的塞琉古国王的雕像。无论如何，马背上新的拉里库斯青铜像一定是公元前3世纪中叶普林恩最显著的地标之一，这是普林恩人依靠希腊化国王及其代理人善意的一个有力象征。

公元前2世纪，普林恩人继续寻求希腊化时代君主的帮助和支持，但成效喜忧参半。欧洛斐涅斯是卡帕多西亚–阿里阿拉特王朝的一名成员，他似乎从小被流放在普林恩。公元前158年，欧洛斐涅斯从同父异母的兄弟阿里阿拉特五世手中夺取了卡帕多西亚王位后，他带来了一笔巨款（约400塔伦特银子），用于保障该城的安全。第二年，欧洛斐涅斯被推翻，愤怒的阿里阿拉特五世向普林恩人索要这笔钱，但遭到拒绝，于是，他派遣了一支军队去摧毁该城的领土。普林恩人向罗马元老院提出申诉（他们的回应被及时地刻在了雅典娜神庙的档案墙上），这笔钱最终回到了欧洛斐涅斯的手中，但是他现在被流放到了塞琉古王国的叙利亚地区。普林恩人设法重建了他们与卡帕多西亚王室的关系：我们后来发现，他们与国王阿里阿拉特六世（约前130—前111年在位）之间友好地互派大使，卡帕多西亚王室还出资在普林恩广场北侧建造了一座巨大的新拱廊（约公元前

130年建造的“神圣柱廊”）。

欧洛斐涅斯和普林恩的故事有一个不同寻常的尾声。1870年4月，土耳其瑟凯小镇附近一家甘草工厂的外籍经理奥古斯都·奥克利·克拉克先生，携其妻子和侄女一同前往普林恩进行一日游。当克拉克在雅典娜·波利亚斯神庙的废墟中漫步
101 时，就在雅典娜的主雕像基座附近，

> 我偶然发现了脚下一枚沾满泥土的硬币。我把它洗了一遍，发现是银的，还看到了欧洛斐涅斯的名字。随后，我去找在金库里参观的妻子和侄女，告诉她们我的好运，之后我又回到雅典娜的基座，这时我突然想到在[雕像基座的]四块完好无损的石头下面可能还会发现更多的东西，于是我雇了两个希腊泥瓦匠，他们正在废墟中工作，为墓地切割石块。在三根撬棍的帮助下，我们移动了第一块石头，发现了一枚银币，与以前捡到的那枚相似；在第二块石头下面我们发现了另一枚类似于前两枚的硬币。然后，我叫来妻子和侄女来协助发掘。在她们来了之后，我们移走了第三块石头，并发现了一枚戒指的一部分——一个镶嵌在金子里的石榴石，还有一些金屑；在第四块石头下面，我们发现了一片金橄榄叶、一个赤陶印章，还有一些金屑。我们以为会在这片废墟中寻找更多，但结果并没有，于是就去吃午饭了。

克拉克最终发现了六枚欧洛斐涅斯的四德拉克马银币，它们在雅典娜雕像的基座下躺了两千多年，但上面的图像依旧如刚铸造时那样清晰。后来，克拉克把其中最精美的钱币（见图

图16 A. C.克拉克于1870年发现的欧洛斐涅斯的四德拉克马银币 102

16）赠送给了大英博物馆。这一非凡的发现给我们留下了一个诱人的谜题。欧洛斐涅斯也许出资修建了一座新的雅典娜神像，还在新神像基座下放了他自己的钱币作为一种“仪式性存款”？抑或普林恩人从欧洛斐涅斯的400塔伦特中偷偷取走了几枚钱币，藏在一个安全的地方以备不时之需？

城市生活

对于小亚细亚的希腊城市来说，公元前5世纪至前4世纪的“古典”时期，意味着政治上受制于阿契美尼德波斯或雅典帝国；公元前133年后，罗马统治的到来带来了沉重的税收负担和公民机构的迅速空心化。相比之下，希腊化时代是小亚细亚希腊人的黄金时代。一些历史学家认为，希腊化时代的国王赋予普林恩等城市的“自治和自由”，只不过是空洞的口号，旨在掩盖马其顿统治的现实。至少就普林恩而言，这是完全错误的。国王们并没有干涉普林恩的内政。普林恩人铸造了他们自己的银币和铜币，城市的民主议会也能通过自己的法令，并且以令人印象深刻的勤勉将法令刻在了石柱上。据我们所知，普林恩人没有向任何希腊化君主纳税或进贡，甚至在外交政策上也保留了很大程度的独立性（公元前3世纪和前2世纪，该城与其邻城发生了几次重大战争）。

希腊化时代的普林恩属于民主政体，由所有成年男性公民（民众或“人民”）组成的议会作为最高决策机构。专门的官员委员会（粮食专员、法律监护员、宗教官员等）由议会任命，通常任期为一年，并就其行为和开支向人民负责。实际上，大多数这
103 些职位总是由普林恩最富有的公民担任：确实某些宗教职位，如圣母弗里吉亚、狄俄尼索斯·弗勒斯和波塞冬·赫里克尼乌斯的祭司职位，都被公开地出售给出价最高的人。

其实，很难确定民主大会多长时间举行一次会议。在希腊化时代普林恩现存的25项法令中，至少有18项是在塔格特尼昂月（8月/9月）举行的议会上通过的。而在这18项法令中，有9项是在这个月某个特定的日子通过的，其中，塔格特尼昂月的第5天是特别受欢迎的日子（9项中有5项在这一天通过）。一些幸存下来的法令表明，在塔格特尼昂月月初举行的这个年度会议被视为“选举会议”，下一年的民事治安法官在该会议上被任命。很明显，这个夏天的“选举会议”会以极快的速度处理很多事情，不只涉及选举；没有明显的迹象表明，这一大会是否会在一年中余下的时间定期举行。我们也不知道有多少公民定期参加普林恩的会议。附近迈安德河畔的马格尼西亚和科洛芬，偶尔会记录投票的人数，议会上投票的公民人数分别在2 113人到4 678人之间（马格尼西亚比普林恩稍大）和903人到1 342人之间（科洛芬可能比普林恩稍小）。

普林恩没有对其公民征收直接所得税。取而代之的是，城市的许多开支都是富有的普林恩个体通过特定的“礼拜仪式”（强制性的财政捐助）来支付的。公元前130年左右，当普林恩人将狄俄尼索斯·弗勒斯的公民祭司职位进行拍卖时，其中一项销售条款是，成功购买者将免于参加一系列的公民礼拜仪式（如组织火炬比赛和体育比赛、饲养马匹、资助神圣使馆、管理体育馆），条件是必须为这一祭司职位支付6 000多德拉克马的费用。104

普林恩公民的儿子被分为三个年龄段：男孩（年龄在十二岁至十八岁之间）、青少年（年龄在十八岁至二十岁之间）和青年（年龄在二十岁至三十岁之间）。所有三个年龄段的成员都须在城市两个豪华的体育馆接受教育，体育馆是普林恩年轻人进行身体、智力和文化训练的机构。公元前1世纪早期，一系列荣誉敕令被献给了一位富有的普林恩公民佐西穆斯，这些敕令让我们对普林恩的教育有了一定的了解。佐西穆斯还亲自主持了全市少年的口语测试，为学生及其导师颁发了精美的奖品；还为较高年级的学生提供

> 一个吊袋、指关节保护套［……］拳击手套和武器，以及请一名教授来负责青少年的文学教育，希望学生们通过前者来增强体质，通过后者来引导他们的灵魂走向美德和对人类苦难的怜悯。

在城市体育馆的废墟中，青少年的教室几乎完好无损地保存了下来。房间的墙壁上仍然覆盖着一片蜘蛛网般的涂鸦森林，标志着一代又一代的普林恩青少年在这里接受美德教育：

“米南德和伊西戈努斯的座位，米南德的两个儿子”；“奥特克拉特斯的座位，‘鹰钩鼻’奥特克拉特斯之子”。

普林恩青年在体育馆接受艰苦的军事和身体训练——拳击、健身、武器使用——这些具有实际的作用。普林恩像其他希腊化时代的希腊城邦一样，是一个时刻准备战斗的城市。这个定居点周围环绕着令人畏惧的防御墙，其间有二十多座守卫塔。特洛尼亚这一巨大的岩石从北面俯瞰整座城市（见图17），在其顶部大片防御墙几乎完好无损地矗立着。岩石周围长期驻扎着一支守备部队，由刚完成体育训练的年轻男子组
105 成。公元前3世纪晚期，一份颁给一位名叫赫利孔的驻军司令的长篇荣誉敕令，让我们看到了普林恩人生活中艰苦的一面：

图17 从雅典娜的神殿看到的特洛尼亚岩石

> 赫利孔司令以最大的关心和热忱确保守卫有纪律地进行，每天亲自巡视（首先是他自己，后来和他儿子一起巡视），以确保哨所的安全；他对卫戍部队成员十分关心，特别是确保所有人都得到平等的待遇，确保岩石上的一切事务都能顺利地进行且没有丝毫争议；在整个任期内，他以诚实和公正的态度行事，告诫他的部下要以最大的谨慎来守护岩石，他一直铭记的是，对希腊人来说没有什么比自由更重要的了。

赫利孔的荣誉敕令不是由普林恩议会投票通过的，而是由驻军中的年轻人投票通过的，他们令人瞩目地派出了其中两名驻军作为“大使”前往普林恩小城（就像到一个外国城市那样），106
要求把赫利孔的荣誉刻在石柱上。卫戍部队显然把自己看作一种城中之城，有自己的决策机构和独特的军事精神。

我们对普林恩家庭内的私人生活所知甚少。普林恩的大多数私人住宅都是统一规划的，只有一个不显眼的街道入口通向一座小小的室内庭院。庭院的北面通常有一个适度开放的门廊，作为一个避风向阳处，并带有两间起居室和一间仅供男士享用的餐厅。男性和女性的家庭空间似乎是严格分开的，女性的住所位于门廊上方的楼层。在希腊化时代，普林恩的一些较富裕的公民对这些整洁的小型住房单元感到不满，于是推倒界墙，打破与邻近房屋的间隔，形成了更大的综合住宅。普林恩现存最大的房子（“33号住宅”，离雅典娜的神殿只有一步之遥）于公元前100年左右建造，它将两座现存的房子合并成一个庞大的建筑群，这一建筑群围绕着一座豪华的柱廊庭院进行布局，这一类型的庭院在希腊化时代早期的普林恩还是未知的事物。人们甚至猜想，房子的主人是受到了当时罗马贵族的大型意大利式住宅的影响。

从阿佩利斯到莫斯基翁

希腊化时代晚期对33号住宅的重新设计，完全符合普林恩更广泛的社会变革模式。虽然希腊化时代早期的普林恩并不是平等主义的天堂，但这里的私人财富相对来说并不显眼。城市的实体结构、它的政府和公民机构，以及普林恩公共文件的语言，都反映了集体主义的公民意识形态。由于公职人员需自掏
107 腰包支付其职位的费用，因此通常是较富有的公民才会当选为主要的民事官员。但事实上，这些人根本不是这座城市的主人。在公元前4世纪晚期和整个公元前3世纪，当普林恩因为富有公民的爱国主义精神和慷慨大方的支出而向他们表示崇敬时，他们受到崇敬仅仅因为他们具有公职人员应有的能力。例如，下面几行内容是公元前4世纪晚期颁给一位名叫阿佩利斯——富有的普林恩人——的典型荣誉敕令：

> 他被民众选举为秘书后，以公正和公平的方式为每一位公民提供服务，处理法律诉讼、保管和监督公共文件，以及履行他对城市的其他职责；在涉及整个城市的法律纠纷中，他不断证明自己是有能力且认真的，他优先考虑的事情是让人民看到他的行为是公正的。他现在来到大会前解释道，他担任公职已有二十年，其中十四年都是自费担任将军秘书［强制性公共服务］，他免除了法律规定的民众须支付

> 秘书津贴给法定的监护人和公职人员，在任职期间，他曾四次被民众加冕，但他现在请求解除秘书职务，并允许他从公共事务中退休。

显然，阿佩利斯是个非常富有的人。但他参与公民事务始终是且仅仅是作为一名民选公职人员：我们从另一份文件中得知，在他职业生涯的某个时候，他也曾担任过特洛尼亚的驻军司令。城市授予他荣誉，是将其视为模范的平民官员，而不是一位有权势的地方“大人物”或赞助人。

公元前2世纪至前1世纪，这一情况发生了变化。以下是公元前2世纪晚期颁给一位名叫莫斯基翁的富有公民的典型荣誉敕令，开头几行如下： 108

> 他从幼年起就表现出自己是一个优秀的好人，对神灵充满虔诚，对父母、亲属和同伴以及所有其他公民都充满忠诚，他以正义和雄心壮志的精神回报自己的祖国，无愧于他祖先的美德和名声。在他的一生中，有足够的证据表明他收获了众神对他的偏爱，证明了他的同胞和城市其他居民对他的善意，这些都是他最辉煌的事迹所带来的产物……

我们立刻被带入了一种非常不同的政治氛围中。现在，一个富有之人之所以值得尊敬，不仅仅是因为他所担任的平民官员的职位，还因为他世代相传的“美德和名声”，以及他在众神及其崇敬他的同胞眼中的个人光辉。随着莫斯基翁生涯记述的展开，该记述共383行，全部是用同样糯糯的文风写成的，事情渐渐清楚了，他不仅仅是一位官员。他一次又一次地以自己的名义向城市提供现金贷款和礼物，在饥荒期间从自己的地产中提供廉价的粮食给市民，并为他们提供免费的高档盛宴，还分发葡萄酒和面包等。一位不知名的希腊化国王（可能是阿塔罗斯三世，前138—前133年在位）承诺斥资为城市建造一座新体育馆，然而由于王室家族的灭亡而未能实现，这时莫斯基翁自愿出面为体育馆的建设提供资金。

很难说莫斯基翁是否真的比阿佩利斯更富有（我认为他是），但他肯定在普林恩的市民生活中占据了完全不同的位置。正如法国学者菲利普·戈捷在回顾莫斯基翁及其同时代人的生涯时所言：

> ［希腊化时代后期的］大捐助者不再只是将军、大使或官员，他们被任命、接受指示，并最终因其行为而受到人民
> 109 的尊敬……他们一面在危急时刻是故乡的“救主”，另一面在日常生活中是故乡的恩人，但这些人越来越不像希腊化早期他们的社区所尊敬的政治人物。他们逐渐开始成为城市的“庇护者”。

这种变化在城市的实体结构中随处可见，而不仅仅是像33号住宅那样的大豪宅的出现。在城市的主要公共空间——普林恩集市广场，为伟大的市民行善者而建的荣誉雕像像野草一样沿着主干道生根发芽。在普林恩最繁忙的街角之一，这里有一条从广场通向雅典娜神殿的宽阔阶梯，台阶的正前方竖立着同一个人的两尊雕像（一个叫阿波罗多洛斯的人），任何一个普林恩

人进出广场都必须要绕过其基座。在地中海炎热的夏天，广场北侧的柱廊后墙无疑成为普林恩人所有公共空间中最受欢迎的地方——该后墙覆盖着数不尽的铭文，颂扬着莫斯基翁和像他这样的人。

也许最引人注目的是，我们发现富人的妻子和女儿开始在公共生活中发挥重要作用。公元前1世纪的一篇铭文记载了一位女捐助者（她的名字没有保存下来）修建了一条输水管道并打造了整套供水系统，她是第一位担任普林恩主要公民官职——“花环佩戴者”——的女性。对我们现代的情感偏向来说，女性担任公职似乎是最受欢迎和最开明的发展。但在古希腊公民政治的背景下——传统上，政治是男性公民的专属领域——这实际上反映了城市的贵族阶层对普林恩民主的最终占领。现在，大捐助者的统治地位如此彻底，甚至连他们的女性亲属也可以空降到市政机构任职。到了公元前1世纪，普林恩的公民机构已经完全掌握在少数贵族家庭手中。 110

普林恩后期的历史基本上是一片空白。公元前2世纪晚期，当一场大火席卷整个西部住宅区时，该城的人口似乎已经呈下降趋势；这部分城区后来再也没有被重建过。这座城市丰富的文献记录在公元前1世纪中叶戛然而止，之后在奥古斯都的统治下（前27年至公元14年）稍有复兴，再到罗马帝国时期整个城市便成了一潭死水。

在本书中，我们看到了马其顿亚历山大征服后出现的希腊化文明，充满了惊人的多样性和复杂性：一个充满光明和生命的世界，从中亚的希腊边境定居点到意大利中部的豪华别墅，从托勒密亚历山大里亚的科学发源地到小亚细亚的繁华小镇。从亚历山大逝世到奥古斯都登基这三个世纪以来，没有一个城镇或城市能够概括整个希腊语世界的全部历史。其实，本章也可以集中讨论希腊化时代的雅典、耶路撒冷、埃及的费拉德尔菲亚，以及位于小亚细亚西北部的帕加马首都阿塔利德，这些城市至少和希腊化时代的普林恩一样有着丰富的文献记载，但普林恩是一个足够有利的位置，从这里可以眺望希腊化世界的广阔天地——那是人类历史上短暂而美妙的时刻，正如威廉·塔恩曾经说过的那样，希腊语“可能把一个人从马赛带到印度，从里海
111 带到埃及的大瀑布”。

希腊化时代大事年表

前336年：马其顿腓力二世去世；亚历山大三世登基（“大帝”）

前334年：马其顿人入侵亚洲

前332年：亚历山大里亚建立

前331年：高加米拉会战；波斯帝国大流士三世战败

前327年至前325年：亚历山大在印度的战役

前323年：亚历山大大帝去世；吕西马库斯和托勒密分别担任色雷斯和埃及的总督

前320年：特里帕拉迪苏斯会议；塞琉古担任巴比伦总督

前317年：腓力三世去世

前310年：亚历山大四世去世；马其顿阿吉德王朝结束

前307年：“围城者”德米特里乌斯攻占雅典

前306年：“独眼龙”安提柯和“围城者”德米特里乌斯称王

前305年：托勒密一世在埃及称王

前305年至前304年：“围城者”德米特里乌斯围攻罗德岛

前301年：伊普苏斯战役；“独眼龙”安提柯去世

前300年至前290年：索里的克莱尔库斯造访阿伊哈努姆

113 前297年：卡山德在马其顿去世

前294年至前288年："围城者"德米特里乌斯统治马其顿

前282年：埃及托勒密一世去世

前281年：库鲁佩迪安战役；吕西马库斯去世；塞琉古一世去世

前280年至前278年：迦拉太人入侵希腊内陆

前280年至前275年：伊庇鲁斯的皮洛士在意大利和西西里作战

前276年：安提柯二世贡纳塔斯收复马其顿

前262年（？）：科斯战役；安提柯王朝控制爱琴海

前246年：埃及托勒密二世去世；托勒密三世攻占亚洲

前245年：巴克特里亚反抗塞琉古统治

前238年（？）：帕加马的阿塔罗斯一世称王

前220年至前216年：波利比乌斯的交织；罗马攻进希腊东方

前214年至前205年：第一次马其顿战争

前212年至前196年：安条克三世征服伊朗和小亚细亚

前201年：第二次布匿战争罗马战胜汉尼拔

前200年至前197年：第二次马其顿战争；库诺斯克法莱之战，弗拉米尼努斯战胜腓力五世

前196年：弗拉米尼努斯在科林斯宣布希腊人获得自由

前190年：马格尼西亚战役

前188年：《阿帕米亚条约》；塞琉古被驱逐出小亚细亚

前188年至前133年：阿塔利德王朝统治小亚细亚

前171年至前168年：第三次马其顿战争

前170年至前168年：安条克四世侵入埃及

前168年：皮德纳战役；安提柯王朝结束

前167年至前160年：马加比在犹地亚领导的反抗塞琉古王朝的起义

前146年：亚该亚战役；科林斯被洗劫；马其顿成为罗马的行省

前145年（？）：阿伊哈努姆被洗劫

前144年：托勒密八世驱逐知识分子离开埃及

前133年：阿塔罗斯三世去世；阿塔利德王朝结束

前129年：罗马的亚洲行省建立 114

前120年至前115年：欧多克索斯发现通往印度的航路

前89年至前63年：罗马与本都的米特拉达梯六世的米特拉达梯战争

前64年：塞琉古王朝结束；叙利亚成为罗马的行省

前31年：亚克兴海战

前30年：克利奥帕特拉七世去世；罗马征服埃及 115

出版商致谢

我们非常感谢以下版权方对本书的大力支持：

《马格尼西亚战役》摘自《卡瓦菲斯诗集》，牛津世界经典出版社，埃万耶洛斯·萨赫佩罗格卢译于2007年，得到牛津大学出版社的版权许可。

出版商和作者已尽一切努力在出版前追溯和联系所有版权持有者。如有任何错误或遗漏，出版商将尽快更正。

索 引

（条目后的数字为原文页码，见本书边码）

A

B

C

D

E

F

G

H

I

J

K

L

M

N

O

P

Q

R

Peter Thonemann

THE HELLENISTIC AGE

A Very Short Introduction

Contents

Preface

The three centuries which followed the Macedonian conquest of Asia, from the death of Alexander the Great (323 BC) to the fall of the Ptolemaic kingdom of Egypt (30 BC), are perhaps the most thrilling of all periods of ancient history. In this short book I have tried to convey some of the richness and variety of Hellenistic civilization, from the Library and Museum of Alexandria to the wild Afghan colonial frontier. The story of the Greek adventure in the East is one of the great romances of human history, and I hope that this book will inspire some readers to explore it further. A few suggestions for further reading will be found at the end.

The Hellenistic world spanned a vast geographic area, from the western Mediterranean to the Hindu Kush, and readers may find it helpful to use the maps on pages xx–xxi for orientation.

List of illustrations

Maps

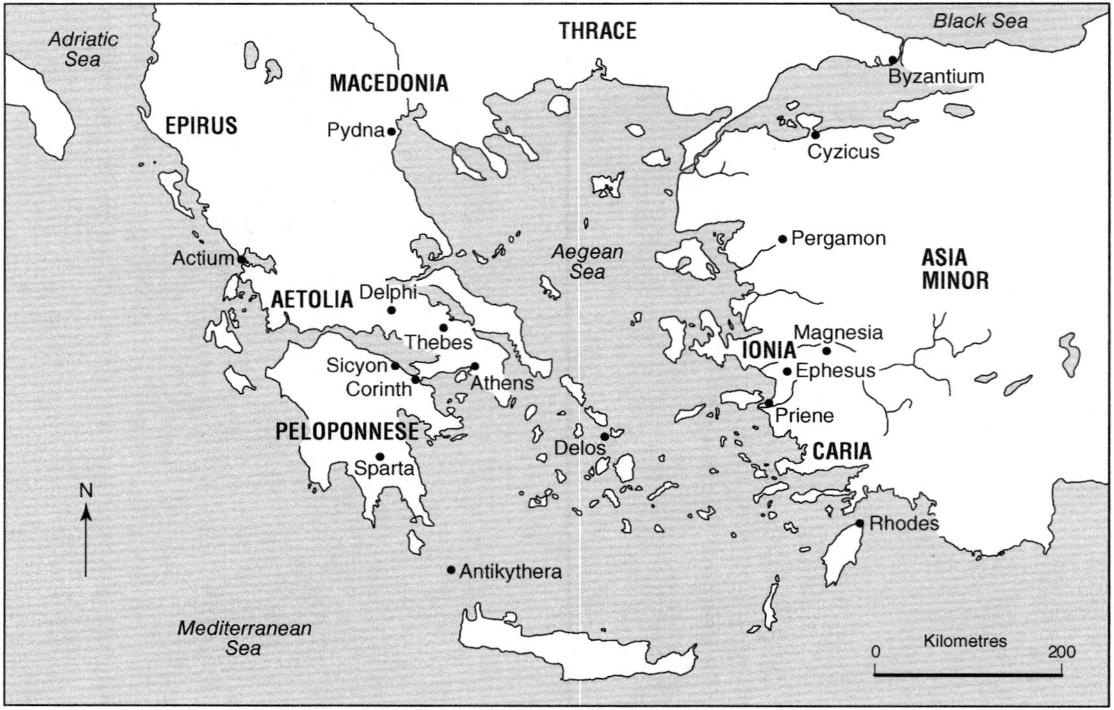

Map 1. The Hellenistic Aegean.

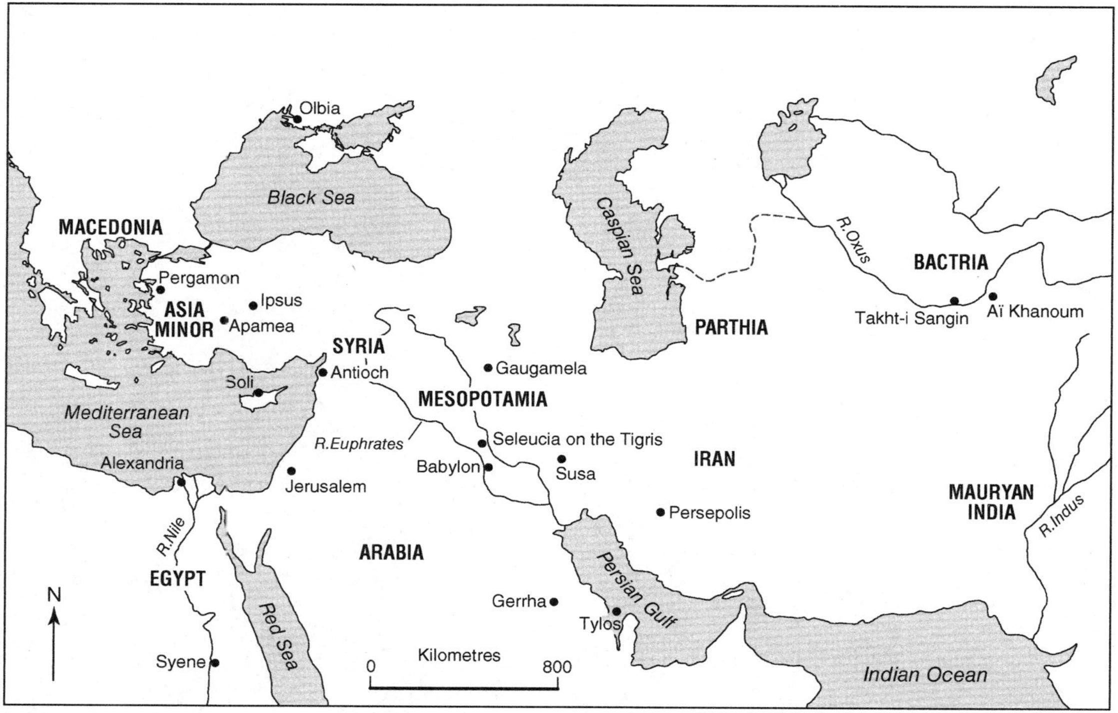

Map 2. The Hellenistic Near East.

Chapter 1
The idea of the Hellenistic

The man from Soli

Imagine a boy, born around 350 BC in the small Greek city of Soli on Cyprus. Like some 35 million others, he grew up as the subject of an Iranian king: Artaxerxes III of Persia, King of Kings, King of the four corners of the earth, ruler of Jews, Babylonians, Iranians, Egyptians, and Greeks (though not, it is true, *all* Greeks). The Persian empire, 200 years old, and stretching from the shores of the Aegean to the foothills of the Himalayas, must have seemed as stable as the heavens.

This boy—let us call him Clearchus—came to manhood with the world shifting around him. In the spring of 334 BC, a Macedonian army, led by the young Alexander the Great, crossed into Asia. Cyprus itself fell to Alexander less than two years later, and by autumn 331, with the defeat of King Darius III of Persia at the battle of Gaugamela, the Persian empire of the Achaemenid kings had crumbled into history.

As Alexander's army marched on into the plains of Asia, Clearchus sailed west to Athens, where he studied philosophy at Aristotle's Lyceum. He visited Apollo's sanctuary at Delphi, where he carefully copied the god's oracular sayings ('Know thyself'; 'A friend's affairs are one's own'). He began to write, and he wrote about the strange new world starting to come into being: the religion of the Jews, Indian wisdom, the Persian Magi. Thanks to quotations preserved by later writers, we can still read a few fragments of Clearchus' lost philosophical works, *On Education, On Flattery, On Friendship* and others.

In the summer of 323 BC, Alexander, king of the world, died at Babylon. Within a few months, Alexander's empire had already begun to fracture into regional fiefdoms in the hands of hard-faced Macedonian generals: Ptolemy in Egypt, Antipater (and later Cassander) in Macedon, Perdiccas (and later Antigonus) in Asia. But for a young man of an inquisitive disposition, the world was opening up. Other young men of Soli had already made unimaginable lives for themselves in the Greek New World: Stasanor of Soli ruled as the governor ('satrap') of Drangiana in eastern Iran, and the sea-captain Hiero of Soli had explored the Arabian coast of the Red Sea as far as the Hormuz straits.

And so it was, in the first years of the 3rd century BC, that the man from Soli set out for the East. All the lands from Syria to central Asia were now ruled by the greatest of Alexander's successors, King Seleucus I Nicator ('the Conqueror'). From the Syrian coast, Clearchus rode eastwards to the Euphrates; then downstream to the new Seleucid royal capital, Seleucia on the Tigris, a day's journey south of modern Baghdad. He crossed the Zagros mountains, and skirted the northern flank of the Iranian desert, on the long and dusty road to world's end: the great fortress of Aï Khanoum, on the banks of the River Oxus, in the far north-east of modern Afghanistan (described in Chapter 5).

Here, Clearchus found a little community of Greeks, building a new city beneath the snows of the Hindu Kush, 5,000 miles from Delphi. The city had a Greek theatre, and a Greek gymnasium; part of a lost work by Aristotle survives on a scrap of papyrus from the palace treasury at Aï Khanoum. Where Clearchus went next we can only guess: perhaps he crossed over the mountains into India, or maybe he set out on the long path back to the Mediterranean. But he left his mark on the stones of Aï Khanoum. In the tomb-complex of the city's founder, Kineas of Thessaly, Clearchus set up a limestone column bearing the sayings of the Seven Sages of Greece, which he had laboriously copied at Delphi thirty years earlier: 'As a child, be well-behaved; as a young man, self-controlled; in middle age, just; in old age, a good counsellor; in dying, without grief.' On the base of the column he had the following epigram inscribed:

> These wise sayings of famous men of old
> Are consecrated in holy Pytho (Delphi).
> There Clearchus copied them carefully, and brought them
> Here, to set them up, shining afar, in Kineas' precinct.

The stone survives today, a little battered by nomad invasions, but with the letters as crisp and clear as the day they were cut (see Figure 1). Since 2006 it has travelled even further than Clearchus did, as part of a roving worldwide exhibition of treasures from the Kabul Museum: it has been on show at the Musée Guimet in Paris, the British Museum in London, and spent summer 2017 at the Palace Museum in Beijing. If the museum guard looks the other way for long enough, you can run your finger across the name 'Clearchus', and reflect on a life less ordinary: beginning on the shores of Cyprus, and ending (perhaps) under the hard glare of a Bactrian sun. A Hellenistic life, if ever there was one.

A 'Hellenistic' Age?

Antiquity, the Middle Ages, the Early Modern period; Flavian Rome, Tudor England, *les trente glorieuses*; Archaic, Classical, Hellenistic. Historical 'periods' are blunt instruments, but without them we cannot talk about the past at all. Ancient Greek history is today conventionally divided into four periods: Archaic (from around 800 to 500 BC), Classical (500 to 323 BC), Hellenistic (323 to 30 BC) and Roman Imperial (30 BC to—say—AD 284).

1. Inscription of Clearchus of Soli at Aï Khanoum.

Hellenistic history, thus arbitrarily defined, is the subject of this book.

Like most epochs in ancient history (the 'Iron Age', the '5th century BC', 'Late Antiquity'), the idea of the 'Hellenistic' is a modern invention. The word itself is ultimately descended from a passage in the Biblical Acts of the Apostles, where the Jewish followers of Jesus are divided into *hellenistai* and *hebraioi*, terms which probably refer simply to their spoken language of choice (Greek or Hebrew). Early Modern Biblical scholars believed that the Jewish *hellenistai* used a special Greek dialect, the 'Hellenistic tongue' (*lingua hellenistica*), reflected in the Greek of the New Testament and the Septuagint.

The German scholar Johann Gustav Droysen (1808–84) was the first to use the term 'Hellenistic' not just of a dialect of the Greek language, but of a whole epoch in Mediterranean civilization, beginning with the Asiatic conquests of Alexander the Great in the late 4th century BC (334–323 BC). At the time of Alexander's conquests, wrote Droysen:

> East and West were ripe for fusion (*Verschmelzung*), and on both sides fermentation and transformation quickly followed. The new awakening of popular life led to ever more novel developments in the state and the intellectual sphere, in commerce and art, in religion and morality. Let us describe this new world-historical principle with the word 'Hellenistic'. Greek culture, in dominating the life of the world of the East, also fertilised it, and so created that Hellenism in which the paganism of Asia and Greece—indeed all antiquity itself—was destined to culminate.

For Droysen, the ultimate result of this cross-breeding between East and West was Christianity itself. Alexander's conquest of the East, and indeed the whole history of the Hellenistic world, was to culminate in the Christian faith, a quintessentially 'Hellenistic' religion born out of the fusion of the Greek and Oriental spirit.

Happily, not all of Droysen's work was infected with this sort of nebulous mysticism: his enormous, unfinished *History of Hellenism* (1836–43) is, for the most part, a rather sober political history of the century from 323 to 222 BC.

For better or worse, Droysen's terminology caught on. Today, the word 'Hellenistic' is used to refer both to a historical epoch (the Hellenistic period) and to a geographical region (the Hellenistic world). It is also used of a whole range of cultural phenomena seen as characteristic of this region and period, such as Hellenistic kingdoms, Hellenistic poetry, Hellenistic sculpture, Hellenistic religion, and so on.

The Hellenistic world, as usually understood, was a relatively narrow temperate zone of western Afro-Eurasia between the 25th and 45th parallels, stretching from the Adriatic and Libya in the west to the Himalayas in the east—broadly speaking, the lands ruled by Alexander the Great at his death in 323 BC. This zone includes the whole of the eastern Mediterranean and the Black Sea, Egypt and the Levant, Mesopotamia, the Iranian plateau, and the lands immediately to the north and south of the Hindu Kush. From the 4th to the 1st century BC, all of these regions were either Greek-speaking or ruled by Greek-speaking dynasties. Historians sometimes refer to Hellenistic Carthage, Hellenistic Arabia, or even Hellenistic India, in order to highlight the cultural connections between those outlying regions and the 'core' Hellenistic world; but most people would find something perverse about the notion of, say, Hellenistic Ireland or Hellenistic China.

Most modern histories of the Hellenistic period begin in 323 BC, with the death of Alexander the Great, and finish in 30 BC, with Octavian's incorporation of Ptolemaic Egypt into the Roman empire. The starting point is obvious enough. Alexander's swift, violent, and dramatic conquest of the Achaemenid Persian empire between 334 and 323 BC was a geopolitical event of the first significance, establishing Macedonian rule across vast stretches of western Asia. The 'globalization' of Greek culture in the wake of Alexander's conquests is perhaps the best argument for separating off a 'Hellenistic' Age from earlier periods of Greek history.

Things are much less clear-cut at the lower end of the period. The major Macedonian successor kingdoms in Europe, Africa, and Asia eventually collapsed in the face of Roman expansion in the west and Parthian expansion in the east, but the process was drawn-out and uneven. Macedon itself became a Roman province as early as 146 BC, but the Ptolemaic dynasty of Egypt lasted until 30 BC, and some small Hellenistic states (such as the Bosporan kingdom of the eastern Crimea) survived deep into the Roman Imperial period. As a result, the modern historiography of the later Hellenistic period is, frankly, a bit of a mess. Macedon after 146 BC is usually treated as part of Roman history, even though in most respects 'early Roman Macedonia' had far more in common with the late Hellenistic kingdoms in Asia than it did with, say, Roman Spain.

'Hellenistic culture' is, as we would expect, the fuzziest category of all. Here Droysen's idea of 'fusion' (*Verschmelzung*) still exercises a spectral influence. The Hellenistic period certainly saw large-scale migrations of Greek-speaking peoples into Egypt and Asia, and the Greek language, Greek lifestyles, and the institutions of the Greek city-state were widely diffused in the non-Greek lands conquered by Alexander. But whether we should see eastern Hellenism as marked by cultural fusion between Greeks and non-Greeks or, instead, by colonialism and apartheid, remains a hotly debated question.

Can we speak of a 'unified' Hellenistic world? The Seleucid, Antigonid, Ptolemaic, and Attalid monarchies really did have more in common with one another than with any kingdom of the 5th or 4th century BC; the eastern Roman provinces really were different—though not as different as you might think—from the

Hellenistic kingdoms that preceded them. Distinctive new artistic styles (individualized portraiture, genre realism, the 'Hellenistic baroque') left their mark everywhere from Greece to the Ganges, and new 'Oriental' cults (such as the worship of the Egyptian deities Isis and Serapis) were popular throughout the Greek-speaking world.

That said, we should not let the category 'Hellenistic' do our thinking for us. It is hard to make meaningful generalizations about, say, the Hellenistic family or the Hellenistic economy, let alone a Hellenistic aesthetic or a distinctively Hellenistic 'world-view'. And it is all too easy to impose an artificial unity on the Hellenistic world by the arbitrary exclusion of peoples and cultures which fail to fit our preconceptions of what the Hellenistic world 'really was'. The Greek cities of 3rd-century Sicily get short shrift in most histories of the period (too far west), as do the kings of Parthia (too Iranian) and the peoples of Iron Age Europe (too uncivilized). The book of Ecclesiasticus, written around 200 BC, is not usually treated as Hellenistic literature (too Jewish), nor are the *Annales* of Ennius, a Latin imitation of Greek epic poetry by an Oscan-speaking native of south Italy (too Roman). The Hellenistic world is, very largely, what we make it.

Writing Hellenistic history

Most books on the Hellenistic world begin by lamenting the state of our evidence for the period. This is nonsense. On almost any criterion, we know far more about Hellenistic history than we do about the Archaic or Classical Greek world.

It is true that we are not well supplied with ancient narrative histories of the Hellenistic kingdoms. The break-up of Alexander's empire between 323 and 302 BC is recounted in Books 18–20 of Diodorus Siculus' *Library of History* (compiled *c.*60–30 BC), supplemented by several early Hellenistic *Lives* by the biographer Plutarch (*c.* AD 45–120). Rome's rise to world power between

220 and 145 BC was described in the massive forty-book history of Polybius of Megalopolis (*c.*200–118 BC). Only Polybius' first five books survive intact, but many of the missing portions can be reconstructed from Books 31–45 of Livy's *History of Rome*, which drew heavily on Polybius' lost narrative. The history of the Jewish people in the Hellenistic period is known in rich and circumstantial detail: I and II Maccabees (part of the Biblical *Apocrypha*) give a gripping contemporary narrative of the Jewish revolt against Seleucid rule in the 160s BC, and Books 11–12 of Josephus' *Jewish Antiquities* (1st century AD) are a mine of information on Hellenistic Judaism.

The biggest gap in our knowledge is the political and military history of the 3rd century BC, for which no reliable continuous account survives. Much of the 'core' narrative history of the 3rd century is still deeply obscure: there may or may not have been a 'War of the Syrian Succession' between Antiochus I and Ptolemy II in 280/279 BC; we do not know whether the battle of Cos took place in 262 or 255 BC; and pretty much all that we can say about the Seleucid loss of southern Iran is that it must have happened some time between 280 BC and the early 2nd century.

But narrative history is not everything, and the Hellenistic historian is amply compensated by an amazing wealth of documentary evidence of all kinds. The sands of Ptolemaic Egypt have preserved tens of thousands of bureaucratic and literary papyri, revealing the internal workings of the Ptolemaic state to a level of detail unimaginable for any earlier Mediterranean society. A single junior Ptolemaic financial official of the mid-3rd century BC, Zeno of Caunus, has left us an immense archive of more than 2,000 business documents, mostly relating to the management of a large private estate in the Fayyum oasis, south of modern Cairo. Papyri also offer us intimate access to the daily lives and mentalities of ordinary people in the Ptolemaic kingdom. We can read private letters, divorce-contracts, school exercises, and even the quirky dream-diaries of a Greek recluse and two little Egyptian twin girls in the temple of Serapis at Memphis:

> The dream that the girl Thaues, one of a twin, saw on the 17th of the month Pachon. I seemed in my dream to be walking down the street, counting nine houses. I wanted to turn back. I said, 'All this is at most nine.' They say, 'Well, you are free to go.' I said, 'It is too late for me.'
>
> The dream that Ptolemaios saw at the Moon Festival on the 25th of the month Pachon. I seem to see Thaues singing aloud in a rather sweet voice and in good spirits; and I see Taous laughing, and her foot is big and clean.

With rare exceptions, the papyri bear only on the internal history of Ptolemaic Egypt. Elsewhere in the Hellenistic world, our richest documentary evidence comes in the form of countless thousands of Greek inscriptions on stone. Hellenistic cities were a hubbub of public and private inscriptions, many of them running to hundreds of lines of vivid and intricate prose: inter-state treaties, honours for great civic benefactors, letters from Hellenistic kings; land-sales, temple-inventories, disputed wills, and accounts of divine epiphanies. An inscription from Pergamon in north-west Turkey, 237 lines long, describes in meticulous detail the duties of the city's *astynomoi*, the officials responsible for the upkeep of roads, fountains, cisterns, toilets, and other public works. From the small city of Magnesia on the Maeander comes a dossier of more than sixty letters and decrees from Hellenistic kings and cities, recognizing the inviolability of the city and its territory. In many cases, these are the only surviving public documents from the cities concerned, making the Magnesian dossier a treasure-trove of evidence for Greek civic institutions from the Adriatic to the Persian Gulf.

Inscriptions often shed new light on major historical events. As Plutarch tells us in three curt sentences of his *Life of Demetrius* (written in the late 1st century AD), the year 287 BC saw a successful Athenian uprising against the rule of King Demetrius the Besieger (whose career is sketched in Chapter 3). In 1971, archaeologists working in the Athenian Agora uncovered a long honorific decree for a certain Callias of Sphettus, the commander of a Ptolemaic mercenary force in the Aegean. The inscription describes the course of the Athenian revolution in rich and moving detail, beginning as follows:

> When the revolution of the People took place against those occupying the city, they drove out the enemy soldiers from the urban centre; but the fort on the Mouseion hill was still occupied, the countryside was in a state of war at the hands of the troops stationed in Piraeus, and Demetrius was marching from the Peloponnese with his army against the city. Callias, learning of the danger to the city, selected a thousand of the mercenaries stationed with him on Andros, paying their wages and providing grain-rations, and came at once to the city to help the People, acting in accordance with the goodwill of King Ptolemy towards the people; and he marched his troops into the countryside and made every effort to protect the grain-harvest, so that as much food as possible could be brought into the city...(etc.)

Only thanks to this text do we know that the Athenian rebels were backed by King Ptolemy I Soter (reigned 305–282 BC), Demetrius' chief rival for power in the Aegean basin. The inscription for Callias is now the cornerstone of our understanding of Ptolemaic foreign policy in the 280s BC.

Alongside written texts, the Hellenistic historian also has a terrific range of material evidence to draw on. Dozens of Hellenistic cities, sanctuaries, and fortresses have been excavated, from Greece to Afghanistan, among them the extraordinary Greek city of Priene, described in Chapter 6. The formidable site of Heraclea under Latmus in south-west Turkey preserves its entire Hellenistic wall-circuit all but intact, complete with towers, wallwalks and guardhouses (see Figure 2). Some of our best surviving examples

2. The Hellenistic fortifications of Heraclea under Latmus.

of Hellenistic architecture come from Jordan: the fortress of Qasr il Abd near modern Amman (described by the Jewish historian Josephus) is a Hellenistic palace in miniature, and the city of Petra, capital of the Nabataean kingdom, gives us a wonderful sense of the baroque cityscape of a late Hellenistic royal capital.

The study of gold, silver, and bronze coins is more central to Hellenistic history than to any other period of antiquity. Several major Hellenistic states—most notably the Bactrian kingdom of central Asia and the Indo-Greek kingdoms of the Punjab—are effectively known to us only through their coin-issues. Coins also illuminate unexpected cultural and economic connections between far-flung parts of the Hellenistic world. In the 3rd and 2nd centuries BC, the Celtic peoples of north-west Europe struck coins for the first time; almost all of these coinages imitate the gold coins of Philip II of Macedon (359–336 BC), reflecting the extensive use of Celtic mercenaries by the major Hellenistic kingdoms (see Figure 3).

3. A gold coin of Philip II of Macedon, minted *c.*340–328 BC, and a Celtic imitation struck in Northern France or Belgium, *c.*150–100 BC (images not to scale).

Finally, although contemporary narrative histories are thin on the ground, the Hellenistic states have left us a wonderful body of literary and scientific texts (the subject of Chapter 4). In the field of poetry, the *Mimiambs* of Herodas and some of the *Idylls* of Theocritus offer vivid sketches of daily life in the Hellenistic world; the *Exagoge* of Exekiel the Tragedian translates the Biblical narrative of Moses' flight from Egypt into the language and form of Greek tragic drama. We have a startlingly rich corpus of Hellenistic mathematical texts, including major works by Archimedes, Euclid, and Apollonius of Perge. At the interface between poetry and science stand 'didactic' poems such as Aratus'

Phaenomena (on the constellations) and Nicander's *Theriaca* and *Alexipharmaca* (on venomous animals and poisons). New finds continue to enrich our knowledge of Hellenistic literature: 2001 saw the publication of a papyrus containing more than a hundred new epigrams by the 3rd-century poet Posidippus.

As will be clear from the preceding pages, the Hellenistic historian has a rich and varied tapestry of sources to work from. One incidental result of this is that Hellenistic history is fun to write, and fun to read. Since 'straight' narrative history is usually impossible, we have to use our imagination. Ancient-history writing has few brighter jewels to show than Arnaldo Momigliano's *Alien Wisdom* (1975), Elias Bickerman's *The Jews in the Greek Age* (1988), or John Ma's *Antiochos III and the Cities of Western Asia Minor* (1999). William Tarn is not a fashionable writer nowadays—too Victorian, too moralizing, unsound on imperialism—but the incomparable opening pages of his *Antigonos Gonatas* (1913) still capture some of the excitement of Hellenistic history:

> No part of Greek history should come home to us like the third century BC. It is the only period that we can in the least compare with our own; indeed, in some ways it is quite startlingly modern. We meet with half the things that we ourselves do, half the problems that we ourselves know. The days of Salamis and Sophokles are as remote from the men of that time as the days of Shakespeare or the Spanish Armada from ourselves. All the horizons have widened and opened out; civilization pulsates with new life, and an eager desire to try all things. Almost all the barriers are already down... And there is so much to be done; nothing less than the conquest, material, social, intellectual, of a whole new world.

This new world, in all its kaleidoscopic variety, is the subject of this book.

Chapter 2
From Alexander to Augustus

Through his conquest of Achaemenid Persia, Alexander the Great created a single Macedonian empire stretching from the lower Danube and lower Nile in the west to the upper Indus and Oxus valleys in the east. In the first generation after Alexander's death (323–281 BC), this empire fractured into three successor kingdoms, each ruled by a Macedonian king: the Antigonids in Macedon, the Ptolemies in Egypt, and the Seleucids in western and central Asia. The history of the great successor states, their relations with the free Greek cities of the Aegean, and their eventual collapse in the face of Roman imperialism (and, to a lesser extent, Parthian expansion in Mesopotamia and Iran) is, without doubt, a tangled and confusing story. But it is also a thrilling one, as gripping in its unexpected reversals of fortune as any other period of ancient history. For sheer *Boys' Own* drama, there is little to match Aratus' night-time commando raid on Corinth in 243 BC (brilliantly narrated by Plutarch in his *Life of Aratus*); for tragedy, little to compare with the fall and rise and fall of Demetrius the Besieger, or Cleopatra's long struggle to preserve her kingdom from Roman annexation. This chapter provides a road map to the twists and turns of Hellenistic history, from the accession of Alexander (336 BC) to the death of Cleopatra and the end of the Ptolemaic kingdom (30 BC).

Alexander the great, 336–323 BC

In the 350s and 340s BC, Philip II of Macedon (reigned 359–336 BC) had transformed the Macedonian state from a small and backward kingdom on the northern fringe of the Greek world into one of the great powers of the Mediterranean. In the central Balkan highlands, Macedonian governors or vassal kings ruled over all the lands between the Adriatic and the Black Sea (Epirus, Illyria, Thrace). By 338, when Philip crushed an Athenian and Theban army at the battle of Chaeronea, most of mainland Greece had come under informal Macedonian dominance, with the Greek city-states of the south bound to Philip by unequal and humiliating alliances. Philip had made himself, in the words of his Athenian admirer Isocrates, 'the greatest of the kings of Europe'.

By the time of his mysterious assassination in October 336 BC, Philip II had already set his sights on the riches of the Persian empire to the east. We do not know the scale of Philip's Asiatic plans but, safe to say, his son Alexander exceeded them. In 334 BC, an army of Macedonians and Greek allies crossed into Asia. The Persian satrapies ('provinces') of western Asia Minor fell to Alexander in the first campaigning season, and in November 333, the Macedonians won a stunning victory over the royal army of Darius III at the battle of Issus, near modern-day Iskenderun in southern Turkey. By the winter of 332, all the lands west of the Euphrates (Anatolia, the Levant, and Egypt) were in Macedonian hands. Alexander then marched on into Mesopotamia, and on 1 October 331 Darius was defeated once again, this time decisively, on the plains of Gaugamela. Within a few months, the Macedonians had captured the great Persian cities of Mesopotamia and western Iran (Babylon, Susa, Ecbatana), and the Achaemenid royal palaces at Persepolis were burned to the ground, supposedly in revenge for the Persian sack of Athens in 480 BC.

The first rule of politics, declared Harold Macmillan, is never to invade Afghanistan. The Macedonian *Blitzkrieg* of 334–330 BC was followed by three full years of grinding guerrilla warfare, first in eastern Iran, and then in the north-eastern Persian satrapies, Bactria and Sogdiana (northern Afghanistan, Tajikistan, and eastern Uzbekistan). These frustrating years saw two key developments, which would have an enduring impact on the Hellenistic Age to come. First, Alexander began drafting vast numbers of native Iranian and central Asian troops into his army; second, he settled tens of thousands of Greek and Macedonian veterans in newly founded garrison towns across the Far East. No longer just a conquering Macedonian general, Alexander was now planning for his future as king of Asia: the Macedonians were here to stay.

In spring 327, the army marched on beyond the bounds of the former Persian empire, into India. Alexander's conquest of the Punjab and the Indus valley is a depressing and monotonous tale of carnage. The Macedonians established no lasting *modus vivendi* with the native population, and within two decades of Alexander's death, the Indian provinces were lost for good. But the invasion had far-reaching consequences. With the small principalities of north-west India fatally weakened by the Macedonians, an energetic Indian ruler, Chandragupta Maurya (reigned *c.*317–293 BC), was able to unite the whole northern part of the sub-continent under his rule. The 3rd-century empire of the Mauryas, stretching from Kandahar to Bengal, would be Alexander's chief legacy in the Far East.

By late 325 BC, the Macedonian army—thinned by a disastrous crossing of the Gedrosian desert (south-western Pakistan)—was back in western Iran, and the new masters of the world paused to draw breath. Aside from small pockets of local resistance, the entire Persian empire was now under Macedonian control. But after a decade of warfare, the Macedonian army was in desperate need of fresh blood. In autumn 324 BC, Alexander sent 10,000 Macedonian veterans, the greater part of the infantry army, off on their way back home under the command of his general Craterus, to be replaced by fresh levies from Macedonia. The king himself also began to take thought for his own eventual succession. In 328 BC, he had married Roxane, the daughter of a Bactrian noble, and in 324, after his return from the East, he also wed two women from the old Persian royal house, Stateira (daughter of Darius III) and Parysatis (sister of Darius' predecessor, Artaxerxes IV). At least one of these three women, Roxane, was pregnant at the time of Alexander's sudden death at Babylon on 11 June 323 BC.

Contemporaries wondered at the revolution in world affairs brought about by Alexander's conquest. In the early 3rd century BC, the Athenian orator and statesman Demetrius of Phalerum reflected on the cruelty of Fortune:

> Do you think that fifty years ago, if one of the gods had foretold the future to the Persians or their king, or the Macedonians or their king, they would ever have believed what was to come? For in our own day not even the very name of the Persians survives, they who were formerly despots of the whole inhabited world, while the Macedonians, who previously were almost nameless, are now masters of all.

If there was ever a turning point in world history, the Macedonian conquest of Asia was it. Alexander 'the Great', indeed.

The age of the successors, 323–281 BC

Unrivalled as a conqueror, Alexander showed little interest in government. At his death in 323 BC, the Macedonian 'state' in Asia consisted of little more than Alexander's vast, battle-hardened army and a cadre of tough and ambitious Macedonian generals. The provincial bureaucracy, such as it was, consisted of whatever was left over from the old Persian system. This was, thus far, a Macedonian empire in name alone. But Alexander did leave behind him financial resources on a stupendous scale. In the last two years of his life, Alexander had begun to strike the vast gold and silver reserves of the Persian kings into coin, in order to pay off his veteran troops—who, quite reasonably, expected to share in the profits of conquest. A weak central state, an under-employed army, independent-minded generals, unlimited supplies of Persian silver, and, crucially, no capable adult successor to the dead king: the combination was an explosive one.

In the days after Alexander's death, the Macedonians at Babylon cobbled together a hasty compromise, by which Alexander's mentally defective half-brother Arrhidaeus would inherit the throne, along with Alexander's unborn baby by Roxane (if the child turned out to be a boy). One of the leading Macedonian generals, Perdiccas, would act as 'guardian' to the kings. But Perdiccas' rise to supremacy was really little more than a stroke of chance. Two other men, Antipater, Alexander's regent in Macedon, and Craterus, commanding a formidable force of 10,000 Macedonian veterans on their way back home to Europe, had claims at least as strong as his. The more prudent among Alexander's companions installed themselves in one or other of the rich western satrapies (Ptolemy in Egypt, Lysimachus in Thrace), and prepared for an uncertain future.

War broke out in 321. Ptolemy made the first move, seizing Alexander's body on its journey back to Macedon (an indication of his ambitions for his new Egyptian realm); Perdiccas' attempted invasion of Egypt ended in his ignominious death, assassinated by his own lieutenants. Craterus died in battle at around the same time, fighting Perdiccan forces in northern Asia Minor. At the conference of Triparadeisus in summer 320 BC, the Macedonians made one last attempt to hold the crumbling empire together. Antipater was appointed as guardian of the two kings, Arrhidaeus and Alexander IV (Roxane's son, by now a sturdy toddler), who returned with Antipater to Macedon. Ptolemy was left in control of Egypt (not that Antipater was given any choice in the matter). A flinty Macedonian officer, Antigonus the One-Eyed, already in his sixties, was appointed as 'general of Asia'. Although Antigonus' remit was initially limited to hunting down the remnants of Perdiccas' faction in Asia (particularly Craterus' killer, the rogue general Eumenes of Cardia), in practice his appointment hastened the division of the Asiatic and European parts of Alexander's empire.

Over the following two decades, five separate 'successor' states gradually took shape in the ruins of the Macedonian empire. In Egypt, Ptolemy ruled unchallenged, building a strong and coherent state around his capital at Alexandria (founded by Alexander himself in 331 BC). In Macedon, Antipater's son Cassander eventually emerged as the dominant figure. The two puppet kings did not encumber him for long: Arrhidaeus had been murdered in 317, and Cassander himself did away with Alexander IV in (probably) 310 BC. Thrace was ruled by the leonine Lysimachus, like Ptolemy a charismatic veteran of Alexander's campaigns. In Asia, a minor Macedonian officer called Seleucus, appointed as satrap of Babylon in 320 BC, gradually built up a formidable realm in Mesopotamia, Iran, and the East; by 301 BC, he had established his rule over the entire eastern half of the old Persian empire.

Most powerful of all was Antigonus. With his son Demetrius the Besieger (Chapter 3), he built a rich and populous kingdom in western Asia, stretching from the Aegean to the Euphrates. And a 'kingdom' it now was: in 306, he and Demetrius became the first of Alexander's successors to assume the title of king, an act of potent symbolism that was swiftly imitated by their rival dynasts. To the cities of mainland Greece and Asia Minor, Antigonus and Demetrius presented themselves as the champions of Greek freedom and autonomy. No doubt this was a cynical move directed against Cassander, who had a notorious preference for authoritarian client-regimes in the Greek cities under his control. But Antigonus' ostentatious friendship towards the Greeks ('philhellenism') set the tone for the entire Hellenistic period. For the next three centuries, Hellenistic kings of all stamps strove to outdo one another in competitive generosity towards the Greek cities of the Aegean.

In 301 BC, the combined forces of Cassander, Lysimachus, and Seleucus routed the Antigonid royal army at the battle of Ipsus in central Turkey. By evening, the 81-year-old Antigonus the One-Eyed lay dead on the battlefield, and five kingdoms had become four. Demetrius—still only in his mid-thirties—fled with a few thousand men, and reigned for six years as a king without a kingdom. But the wheel of fortune turned: Cassander died in 297, and a civil war between Cassander's two sons in 294 gave Demetrius the opportunity to seize the throne of Macedon for himself. He lost it again to Lysimachus a mere seven years later, but by 276 Demetrius' son Antigonus Gonatas had recovered his father's kingdom. Demetrius' descendants (the 'Antigonids') would go on to rule in Macedon for the next century.

In the wake of the battle of Ipsus, Antigonus the One-Eyed's great kingdom in western Asia had been carved up between Lysimachus and Seleucus. In 281 BC Seleucus struck at Lysimachus' territories in Asia Minor; Lysimachus was killed at the battle of Corupedium, and four kingdoms became three. Ptolemy had died peacefully in his bed the previous year (succeeded by his son, Ptolemy II Philadelphus), leaving Seleucus as the last surviving contemporary of Alexander. In September 281, Seleucus crossed back over the Hellespont into Europe, fifty-three years after he had first crossed to Asia as a young man in Alexander's army. For a brief moment it seemed as though he might go on to seize Macedonia as well, thus reuniting Alexander's European and Asiatic realms for the first time in forty years. But no: Seleucus was assassinated by a pretender from the Ptolemaic royal house, and the moment passed. Not until the coming of Rome would Macedon and Asia again be reunited under a single ruler.

The Hellenistic kingdoms, 281–220 BC

By the middle years of the 3rd century BC, the new balance of power was firmly established. The bulk of Alexander's empire was divided into three Macedonian successor-states: the Antigonid kingdom in Macedon, the Ptolemaic kingdom of Egypt, and the vast Seleucid realm in western and central Asia.

By far the largest of the early Hellenistic kingdoms was that of the Seleucids in Asia. At the death of King Seleucus I Nicator, 'the Conqueror' (281 BC), the Seleucid realm covered the greater part of the former Persian empire, from Thrace (modern Bulgaria) to the borders with India, with a population of perhaps 25–30 million. In most parts of the kingdom, a tiny settler minority of Greeks and Macedonians ruled over multitudes of non-Greeks: Iranians, Babylonians, Arabs, and the rest were excluded from all but the lowest rungs of the Seleucid administrative hierarchy.

It is easy to deplore the 'colonial' nature of Seleucid Asia, and modern historians have often taken a dim view of the Seleucid state more generally: weak, despotic, inefficient, and doomed to collapse. In 1938, William Tarn drew a famous contrast between the Seleucid kingdom and the Roman empire. 'The latter', he claimed, 'resembled a vertebrate animal':

> It expanded outwards from a solid core, the city of Rome. The Seleucid empire resembled rather a crustacean, not growing from any solid core but encased in an outer shell; the empire was a framework which covered a multitude of peoples and languages and cities. What there really was to an empire, officially, was a king, an army, and a bureaucracy—the governing and taxing officials in the several satrapies. It had no imperial citizenship, as the Roman empire had...What actually held the empire together was the personality of the quasi-divine monarch.

That understates the sensitivity and flexibility of Seleucid colonial rule. Like their Achaemenid Persian predecessors, the 3rd-century Seleucid kings spoke to their dizzying range of subjects in a variety of local idioms. A building inscription in cuneiform Akkadian from the Babylonian sanctuary of Borsippa shows King Antiochus I Soter (281–261 BC) proclaiming his devotion to a Babylonian deity, 'Prince Nabû, son of Esangila, first-born of Marduk, noble child of Erua'. A newly published Seleucid royal letter in Greek from eastern Iran shows King Seleucus II Callinicus (246–225 BC) ostentatiously defending the rights of the horse-rearing marsh-villagers of Helmand. The Seleucid kings were not just foreign conquerors. Indeed, one of the most imaginative and far-reaching strategies of the early Seleucid monarchs was the creation of an artificial new Seleucid 'homeland' in northern Syria: local towns and rivers were renamed after places in far-off Macedonia, and four splendid new cities were founded in the name of Seleucus himself (Seleucia in Pieria), his son Antiochus (Antioch by Daphne), his mother Laodice (Laodicea by the Sea), and his Iranian wife Apame (Apamea on the Orontes). Greek and Roman authors regularly referred to the Seleucid monarchs as 'Syrian kings', indicating the depth of the roots that the Macedonians eventually put down in Asia.

Nonetheless, by the mid-3rd century BC, the outer reaches of the Seleucid kingdom were already beginning to crumble. In the Far East, the Seleucid governor of Bactria (the modern Oxus valley, in northern Afghanistan) staged a successful revolt around 245 BC, and Seleucid north-east Iran was overrun only a few years later by a group of central Asian nomads (the Parni, better known as the Parthians). In the west, large parts of the Asia Minor peninsula (modern western Turkey) gradually came under the control of local dynasts (the Attalids of Pergamon, the Ariarathids of Cappadocia, and the royal houses of Bithynia and Pontus), all of whom seem to have won independence from the Seleucids by the later 3rd century. This Balkanization of the Seleucid periphery was only briefly reversed by the campaigns of reconquest undertaken by the energetic Antiochus III (222–187 BC). By the early 2nd century BC, much of Seleucus I's great Asiatic kingdom had broken up into a babble of regional principalities, leaving a relatively culturally homogeneous Seleucid 'core' in Syria and Mesopotamia.

The Ptolemaic kingdom of Egypt was very different. Like the Seleucids, the Ptolemies ruled over an ethnically mixed society, but here there were, to all intents and purposes, only two cultural groups concerned: the Graeco-Macedonian settler class (some 10 per cent of the total population), and the native Egyptians (perhaps 3.5–4 million in number). Ptolemy I Soter and his descendants ruled as traditional Pharaohs, preserving most of the traditional institutions of pharaonic Egypt (temples and priesthoods, regional government, the agricultural system), with a new Greek-style fiscal regime lightly overlaid on top.

Today, as in antiquity, the population of Egypt is densely concentrated in a narrow strip of land along the lower Nile valley, with uninhabitable deserts to both east and west. This unforgiving geography makes Egypt, in the words of the economic historian Joseph Manning, 'perhaps the easiest place on earth to tax'. Ptolemaic tax revenue may have attained 15 per cent of GDP, a startlingly high level by pre-modern standards. The long reign of Ptolemy II Philadelphus (283–246 BC) saw a major programme of land reclamation and settlement in the Fayyum (a huge depression west of the Nile, south of Cairo), which was implanted with Greek military settlers (*klērouchoi* or 'plot-holders'), assigned regular plots of land according to their rank. The tax-revenues of the Nile valley and the Fayyum fuelled the explosive growth of the new Ptolemaic capital of Alexandria, the New York of the Hellenistic world. By the 1st century BC, Alexandria was the biggest city anywhere on earth, with an urban population of perhaps half a million.

Outside Egypt, the Ptolemies ruled over a shifting archipelago of maritime and coastal territories, including (at different times) the Levantine coastal strip, Cyprus, the southern and western coasts of Asia Minor, the Aegean islands, and Cyrenaica (eastern Libya). This maritime empire reached its widest extent in the 270s and 260s BC, when Ptolemy II enjoyed all but undisputed control of the Aegean basin. But—again in stark contrast to the Seleucid realm—the overseas territories were never conceived as an integral part of the Ptolemaic kingdom. Cyprus was governed as a separate principality by a Ptolemaic *stratēgos* ('general'), and the islands of the Aegean were grouped into a federal League of Islanders, headed up by a *nēsiarchos* ('island-commander') appointed by Ptolemy. It is telling that Ptolemaic coinage (struck on a distinctive local weight-standard) seems never to have been used in the Ptolemies' Aegean possessions.

From the 270s to the 160s, the Seleucids and the Ptolemies were locked in a continuous struggle for control of the Levantine coast (the six 'Syrian Wars'). The most dramatic Ptolemaic successes came in 246/5 BC, when the young Ptolemy III Euergetes (reigned 246–222 BC) swept the Seleucids out of Syria, drove eastwards into Mesopotamia, and briefly captured Babylon. One of the most vivid texts from 3rd-century Egypt is an inscription (now lost) from Adulis on the Red Sea coast, celebrating, perhaps with a touch of hyperbole, this high-water mark in Ptolemaic history:

> Great King Ptolemy, son of King Ptolemy and Queen Arsinoe, the Sibling Gods, children of King Ptolemy and Queen Berenice, the Saviour Gods, descended through his father from Heracles son of Zeus, and through his mother from Dionysus son of Zeus, having inherited from his father the kingdom of Egypt, Libya, Syria and Phoenicia, Cyprus, Lycia, Caria and the Cycladic islands, has led an army into Asia, with infantry and cavalry forces, a naval fleet, and elephants from Troglodytis and Ethiopia. These elephants he and his father were the first to hunt down in their native places and bring to Egypt and train in the arts of war. Having conquered all the

lands west of the Euphrates—Cilicia, Pamphylia, Ionia, the Hellespont, Thrace, and all the armies in those lands with their Indian elephants—and having made the rulers of those lands subject to him, he has crossed the Euphrates river and conquered Mesopotamia, Babylonia, Susiana, Persis, Media, and all the lands as far as Bactria, and has recovered all the holy objects plundered from Egypt by the Persians and brought them back with the rest of the treasure from the region.

Except for a brief period in 170–168 BC, when the Seleucid Antiochus IV came close to capturing Alexandria, the core Ptolemaic territory in the Nile valley was never seriously threatened by outside powers. But that is not to say that Ptolemaic rule over Egypt was untroubled. The first known native uprising in Egypt occurred in 245 BC, while Ptolemy III was campaigning in Mesopotamia. Although this particular revolt was quickly put down—albeit at the cost of the abandonment of Ptolemy's short-lived conquests in Seleucid Asia—it was a sign of things to come: between 217 and 186 BC, Egypt would be locked in a near-continuous state of civil war. None of the later Ptolemies (with the partial exception of Cleopatra, in the dying days of the dynasty) came close to reviving the glories of the mid-3rd century.

The smallest of the three major kingdoms was that of the Antigonids of Macedon. When Antigonus Gonatas (reigned 276–239 BC) came to power in Macedon in 276, he inherited a small rump state, exhausted by years of anarchy and civil war. Between 280 and 278, Macedonia had been devastated by a massive invasion of nomadic Galatian Celts migrating southwards from the Danubian basin. The Galatians penetrated as far south as Delphi before finally being checked in a great battle, fought in a whirling snowstorm, at the very gates of the sanctuary. (The Galatian invaders eventually crossed into Asia and settled on the high Anatolian plateau around Ankara, where they continued to cause trouble for generations to come.) Two years after

Antigonus' accession, the tottering Macedonian kingdom was once again overrun, this time by the warlike Pyrrhus, king of the rugged highland kingdom of Epirus (modern Albania and north-west Greece).

From these unpromising beginnings, Antigonus gradually re-established Macedonian control across much of the Greek mainland. Antigonus had inherited a handful of great fortresses in southern Greece (Corinth, Chalcis, Demetrias), and a sustained attempt by Sparta and Athens to drive the Macedonians out of Greece (the 'Chremonidean War', *c.*267–262 BC) ended in total victory for Antigonus: the Athenians spent the next three decades (262–229 BC) under Macedonian occupation. At an uncertain date, perhaps also around 262 BC, Antigonus' fleet destroyed the Ptolemaic navy at the battle of Cos, heralding a new era of Antigonid dominance in the Aegean.

But even at the peak of Antigonid power, much of the Greek mainland remained stubbornly independent. The Aetolian League, initially a small tribal confederation in the mountains west of Delphi, had transformed itself by the mid-3rd century BC into a formidable anti-Macedonian coalition stretching across central Greece. Further to the south, the Achaean League, a federal alliance of Greek cities in the northern Peloponnese, made a series of spectacular (if short-lived) gains at Antigonus' expense in the 240s and 230s, most famously the daring commando raid on Corinth in 243 BC mentioned in the introduction to Chapter 2. These new federal states (*koina*) in central and southern Greece were one of the great constitutional innovations of the Hellenistic world (and later served as a model for the Founding Fathers of the United States)—an attractive 'third way' between the autonomous Greek city-state and the autocratic Hellenistic kingdom.

West of the Adriatic, in Italy, Sicily, and the western Mediterranean, the influence of Macedon was far less strongly felt. The ancient

Greek city-states of Sicily and southern Italy were untouched by the conquests of Philip II and Alexander the Great, and the sole concerted attempt by a Hellenistic monarch to expand his realm to the west, the campaigns of Pyrrhus of Epirus in Italy and Sicily (280–275 BC), ended in complete failure. That said, the 3rd-century kings of Syracuse in eastern Sicily (Agathocles, 316–289 BC; Hieron II, 269–215 BC) consistently presented themselves as dynastic peers of the Antigonid, Seleucid, and Ptolemaic kings in the eastern Mediterranean, and the court of Hieron at Syracuse was home to a constellation of literary and scientific figures (the poet Theocritus; the mathematician Archimedes) hardly less distinguished than the scholars of the museum at Alexandria. But on the whole, the western Mediterranean took its own path in the 3rd century BC, dominated not by Macedonian kings, but by the imperial city-state of Carthage in modern Tunisia, and, increasingly, by the ambitions of an aggressive new power in central Italy.

Symplokē, 220–188 BC

For the Greek historian Polybius, writing in the mid-2nd century BC, the 140th Olympiad (220–216 BC) marked a turning point in world history:

> In earlier times, world events had been, so to speak, dispersed, since the various deeds of men showed no unity of initiative, outcomes, or geography. But from this point on, history started to be an organic whole, and the affairs of Italy and Africa became interwoven with those of Asia and of the Greeks, all of them now tending towards a single end.

This 'interweaving' (in Greek, *symplokē*) was the work of Rome. In the course of the 3rd century, the Romans had extended their dominium along the western flank of the Adriatic, and by 219 most of the Greek and Illyrian cities on the eastern shore of the Adriatic (modern Croatia and Albania) had become an informal

Roman protectorate. In 218, the Carthaginian general Hannibal invaded Italy, and the youthful new Antigonid ruler of Macedon, Philip V (221–179 BC), seized his chance to drive Rome out of the eastern Adriatic, and restore Macedonian power across the Balkan peninsula. The First Macedonian War (214–205 BC) saw Philip fighting against a rag-tag anti-Macedonian coalition of Rome, the Aetolian League, and other mainland Greek states; the outcome was an uneasy stalemate, but Rome was now inextricably tied up in mainland Greek affairs. Many Greeks feared for the future: as a Rhodian speaker put it, in an address to the Aetolians recorded by Polybius (207 BC):

> You say that you are fighting against Philip on the Greeks' behalf, so that they might be liberated and not have to follow his orders, but in fact you are fighting for the enslavement and ruin of Greece... For once the Romans disentangle themselves from the war with Hannibal in Italy, they will throw themselves with all their force on the lands of Greece, on the pretext of helping the Aetolians against Philip, but with the real intention of subjugating the whole country to themselves.

As we will see, events bore this gloomy prediction out.

In the immediate wake of their victory over Hannibal (201 BC), Rome provoked a second war with Antigonid Macedon (200–197 BC), and the Roman general Flamininus won a crushing victory over Philip V at the battle of Kynoskephalai (197 BC). Antigonid power was broken for good, and Philip's kingdom was confined to his Macedonian homeland. In 196 BC, at the Isthmian Games at Corinth, Flamininus proclaimed the freedom of the Greeks, to general rejoicing. Gold coins minted in Greece at this point depict Flamininus in the style of a charismatic Hellenistic monarch (see Figure 4). Evidently the Greeks did not quite know what to make of their new, powerful western neighbours: Flamininus was an annual elected magistrate, not a Roman king. After 196, the cult of a new deity, the goddess Roma (a personification of Roman

4. The Roman general Flamininus, depicted in the style of a Hellenistic monarch, with a Nike ('Victory') figure laying a wreath on his name.

power), sprang up in numerous cities of the Greek world. The cult of Roma was apparently modelled on the earlier cults of Hellenistic kings, beautifully illustrating the Greeks' desire to accommodate the new Roman power into their existing world-view.

By the mid-190s, the Romans already had their sights fixed further east. The last decades of the 3rd century had seen a remarkable Seleucid resurgence under Antiochus III (reigned 223–187 BC). In the early years of Antiochus' reign, the Seleucid kingdom must have seemed on the verge of breaking up altogether, with one rebel king (Molon) creating a breakaway state in Babylonia, Persis, and Media, and another (Achaeus) seizing what remained of Seleucid Asia Minor. Over twenty-five years of constant warfare, Antiochus gradually reimposed Seleucid authority from the Aegean to the Hindu Kush. A spectacular series of campaigns in the Far East (212–204 BC) reduced the independent kings of Bactria and Parthia to the status of Seleucid vassals, and between 203 and 196, Antiochus (initially in concert with Philip V) swept the Ptolemies out of the Levant and coastal Asia Minor. By the mid-190s, Antiochus' kingdom was scarcely inferior to the empire of Seleucus I at its peak in 281 BC.

The crash, when it came, was brutal. Between 196 and 192, the Romans, in their new-found capacity as protectors of the freedom of the Greeks, presented Antiochus with an increasingly peremptory series of demands over his treatment of Greek cities under his rule in western Asia Minor. An ill-judged intervention by Antiochus in mainland Greece in 192 sparked a massive and instant Roman retaliation, and in the winter of 190/189 BC, the Roman general Scipio Asiaticus wiped out the Seleucid royal army at the battle of Magnesia in western Turkey (near modern Manisa). Under the terms of the treaty of Apamea (188 BC), Antiochus was ordered to give up all his territory in the Asia Minor peninsula, and to pay Rome a crippling indemnity. In less than a decade, Rome had ruthlessly asserted her dominance over two of the three great powers of the Hellenistic world.

In one of his most haunting poems, *The Battle of Magnesia*, the Alexandrian poet C. P. Cavafy (1863–1933) imagines the news of Antiochus' defeat arriving at the court of the embittered Philip V in Macedon:

> He's lost his former ardour, his audacity.
> To his tired, almost ailing body,
>
> he'll mainly devote attention. And the remainder
> of his life will pass without a care. So Philip
>
> at least maintains. Tonight he plays dice;
> he's eager for amusements. On the table
>
> let's put a lot of roses! What of it, if Antiochus
> met ruin in Magnesia. They say disaster
>
> fell on the splendid army's multitudes.
> They might have exaggerated; it cannot all be true.
>
> Let's hope so; for though an enemy, they were of our race.
> Well! One 'let's hope so' is enough. Maybe too much!
>
> Philip, of course, will not postpone the feast.
> No matter how intense has been his life's exhaustion,

one good thing he's retained: he hasn't lost his memory at all.
He recalls just how they wept in Syria, what sort of sorrow
they feigned when their mother Macedonia was humbled.–
Let the banquet begin. Slaves: the flutes, the lights.

The 'short' 2nd century, 188–133 BC

Rome's victories over Philip V and Antiochus III redrew the political map of the eastern Mediterranean. In the short term, the chief beneficiaries of the treaty of Apamea (188 BC) were the powerful island city of Rhodes and the Attalid dynasts of Pergamon in north-west Turkey, both of whom had fought on the Roman side in the wars against Philip and Antiochus. The rich Seleucid territories in western Asia Minor were carved up between Rhodes and the Attalids. Rome's decision to grant Rhodes her own miniature 'empire' in south-west Asia Minor (188–167 BC) was particularly startling: it had been centuries since any Greek *polis* had enjoyed this kind of regional hegemony. No Roman officials were yet stationed east of the Adriatic, but it was left quite clear that Rome would no longer tolerate too much independent thinking.

The Attalid kingdom of Pergamon was a small independent principality in the far north-west of the Asia Minor peninsula, not much larger—at least before 188—than a big Greek city-state. But the 3rd-century rulers of Pergamon already aspired to Hellenistic great-power status. Attalus I (reigned 241–197 BC) built up a reputation as an exemplary philhellenic ruler, through lavish and expensive building works at the major cultural centres of the old Greek world (Delphi, Delos, and Athens). In particular, Attalus emphasized the role of the Pergamene kings as protectors of the Greek cities of Asia Minor against the Galatians, the fierce Celtic tribal peoples who had settled in central Turkey in the 270s BC. Several vivid sculptural depictions of defeated Galatians, surviving in Roman copies, are probably modelled on Pergamene originals of the late 3rd or early 2nd century BC (see Figure 5).

5. The 'Dying Gaul', a Roman copy of a Hellenistic sculpture depicting a Galatian warrior.

In 188 BC, more or less overnight, the able Eumenes II of Pergamon (reigned 197–159 BC) saw his kingdom expanded tenfold at Seleucid expense. In the decades after the treaty of Apamea, Eumenes and his successors built a stable and prosperous state in western Asia Minor. Thanks to the Romans' declared policy of freedom for the Greeks, the old Greek towns of coastal Asia Minor were treated with conspicuous courtesy by the later Attalid kings, and the peninsula's rich agrarian heartlands were seeded with dozens of new city-foundations. Eumenes deliberately sought to present his kingdom as more like the Achaean and Aetolian federations in mainland Greece than the absolutist Ptolemaic and Seleucid monarchies—as, in many ways, it really was. The 'short' Attalid century in Asia Minor (188–133 BC) saw a major boom in public building projects across western and southern Turkey, including perhaps the single best-known monument from the Hellenistic world, the Great Altar of Pergamon, now on display in all its baroque splendour in the Pergamon Museum in Berlin.

The disintegration of the great Hellenistic kingdoms of the East continued. The reigns of Ptolemy IV (221–204 BC) and Ptolemy V

(204–180 BC) had seen Egypt rocked by a series of native Egyptian uprisings; upper Egypt was ruled for almost twenty years (206–186 BC) as an independent Pharaonic state. Stripped of most of its overseas possessions by Antiochus III in 203–196 BC, the Ptolemaic kingdom of Egypt must have seemed on the verge of collapse, and in the winter of 170/169 BC the Seleucid Antiochus IV (reigned 175–164 BC) launched a devastating invasion of Egypt. By spring 168, all of lower Egypt except the capital city of Alexandria was under Seleucid control. Once again, the Romans stepped in. A Roman ambassador, Popilius Laenas, met Antiochus IV in the outer suburbs of Alexandria, and presented him with a blunt ultimatum: immediate withdrawal from Egypt, or war with Rome. The memory of the Seleucid defeat at Magnesia two decades earlier was enough to force Antiochus into a humiliating climbdown. The failure of Antiochus' Egyptian expedition marked the beginning of a slow and agonizing decline of Seleucid power in the Near East. A major Jewish revolt under Judas Maccabaeus (167–160 BC) ended in the establishment of an independent Hasmonean state in the Levant; more seriously, the old Seleucid heartlands in Mesopotamia were lost to the Parthians between 141 and 138 BC. By the later 2nd century, the Seleucid kingdom was reduced to a small rump state in northern Syria focussed on the city of Antioch.

The year 168 BC also saw the end of the Antigonid kingdom of Macedon. The last Antigonid king, Perseus (reigned 179–168 BC), despite making no open moves against Rome, had rebuilt good relations with the Greek cities of the mainland and Aegean, on a populist platform of debt-cancellation and support of democratic factions against pro-Roman civic elites. The Romans had no intention of allowing Perseus to re-establish Antigonid primacy in mainland Greece, and launched a vicious and unprovoked war against Macedon in 171 BC (the 'Third Macedonian War'). Perseus' army was destroyed at the battle of Pydna in June 168, and the victorious Roman general, Aemilius Paullus, showed no mercy to Greek 'fellow-travellers'. More than a thousand Greek politicians of unsound views were deported to Italy (the historian Polybius among them); 550 leading Aetolians were butchered in their own council-chamber, and 150,000 Epirote Greeks were sold into slavery.

The last major independent power in mainland Greece was the Achaean League, which by now incorporated most of the Greek cities of the Peloponnese under a single federal umbrella. Some modern scholars have been tempted to romanticize the Achaean League, with its unshaking commitment to (in Polybius' words) 'the freedom of the individual cities and the unity of the Peloponnesians'; they may even be right to do so. In 147, the Romans decided to liquidate this last bastion of Greek independence, once again on the flimsiest of pretexts. The Achaean War of 146 BC was brutally short: fifty years after Flamininus had declared the 'freedom of the Greeks' at Corinth, the Roman general Lucius Mummius burned the city to the ground and enslaved its surviving inhabitants.

For most people in the Aegean world, the twin hammer-blows of 168 and 146 marked less of a turning point than one might have expected. Roman dominance in Greece was now unchallenged: some regions (certainly Macedon, perhaps Achaea) were required to pay annual tribute to Rome, and the island of Delos, assigned the status of a free trade port by the Romans in 166 BC, did a brisk trade in slaves for Italy. But Roman jurisdiction east of the Adriatic was still more or less non-existent; the cities of Greece continued to govern their own internal affairs with minimal interference from Rome. The mid-2nd century BC is often conceived as the age of the 'Roman conquest of Greece'—a strange kind of conquest, which left most of the Greek states autonomous and free from taxation!

In Asia Minor, an era came to an end with the death of the last Attalid king, Attalus III (reigned 138–133 BC). In his will, it was found that he had bequeathed his kingdom to the Roman people.

In the fifty-five years between the treaty of Apamea and the bequest of Attalus, the Greek-speaking world had undergone momentous changes. The Antigonid and Attalid kingdoms had ceased to exist, the Seleucid empire was now just one among several squabbling regional principalities in the Near East, and the Ptolemaic dynasty had been reduced to the status of Roman clients. The late 2nd and 1st centuries BC would see the gradual transformation of this loose network of Roman dependencies and client kingdoms in the eastern Mediterranean into a coherent landscape of directly administered Roman provinces.

The end of the Hellenistic world, 133–30 BC

In the event, it took the Romans four years to bring the Attalid kingdom firmly under their control. A pretender to the Attalid throne, Aristonikos, raised an army of poor Greeks and freed slaves, whom he called *Heliopolitai*, 'Citizens of the Sun'; not until 129 BC was this abortive social revolution finally put down by Roman arms. The rich valleys of western Asia Minor were then re-organized as a new Roman province of Asia, subjected to crippling exploitation by Roman tax-farmers. It was the formation of the province of Asia in the 120s BC, not the dramatic military victories of 168 or 146, which really marked the beginning of direct Roman rule in the Greek world.

Further to the east, the eclipse of the Attalids and the decline in Seleucid authority allowed several local dynasties of northern and eastern Anatolia to emerge as strong regional powers. Huge stretches of central Anatolia were subject to the Ariarathid dynasty of Cappadocia, and Tigranes II of Armenia (ruled *c.*95–56 BC) carved out an enormous (if short-lived) empire stretching from the Caspian Sea to northern Syria. Most important of all was the kingdom of Pontus, on the Black Sea coast of Turkey, ruled in this period by the fearsome Mithradates VI Eupator (119–63 BC). Over the first three decades of his reign, much of the Black Sea

6. King Mithradates VI of Pontus.

and eastern Anatolia were brought under Pontic control, culminating in the dazzling successes of 88 BC, when Mithradates took the Roman province of Asia by storm.

As coin-portraits of Mithradates indicate (see Figure 6), the king presented himself as a second Alexander the Great, a charismatic, philhellenic warrior-king in the old Hellenistic mould (Chapter 3). After a generation of vampiric Roman profiteering, the Greeks found this irresistible. Most (though not all) of the Greek cities of Asia welcomed Mithradates as a liberator, and early May 88 BC saw a co-ordinated massacre of all the Romans and Italians in the province, some 80,000 in total. In mainland Greece, Athens too came over to the Mithradatic cause; by the end of the year, most of the Aegean was under Pontic control. The Roman reconquest of the East was entrusted to the general Sulla, who sacked Athens in March 86 BC, and drove Mithradates out of Asia the following year. It is telling that many cities in Roman Asia Minor began to employ a new 'Sullan Era', starting from 85 BC: for many people at the time, Sulla's reorganization of the province was seen as the true beginning of direct Roman rule in Asia.

Sporadic hostilities between Rome and Mithradates dragged on until the mid-60s BC (the king eventually committed suicide, in exile from his kingdom, in 63 BC). But the Romans had learned the lesson of 88 BC: no Hellenistic king would again be allowed to wield as much power as Mithradates. In 65/64 BC, the Roman general Pompey the Great annexed a wide swathe of the East to the Roman empire. New provinces of Bithynia–Pontus and Cilicia were created in eastern Anatolia; the moribund Seleucid kingdom was unceremoniously dissolved and replaced by a new Roman province of Syria. A new constellation of reliably pro-Roman client kings was set in place across the remainder of the Greek East.

By the mid-1st century BC, the only surviving independent Hellenistic kingdom of any importance was Ptolemaic Egypt. Long plagued by dynastic strife and internal unrest, the Ptolemaic state inherited by Cleopatra VII in 51 BC had been whittled back to the borders of the old Achaemenid Persian satrapy of Egypt taken over by Ptolemy I in 323 BC. For two decades, Cleopatra waged a campaign of the utmost diplomatic ingenuity to prevent her kingdom falling into Roman hands. Her nine-month love affair with Julius Caesar in 48–47 BC bore immediate fruit in the form of the restoration of Cyprus to the Ptolemaic kingdom, not to mention the birth of a half-Roman son, Ptolemy XV Caesar (known to history as 'Caesarion'). After Caesar's assassination, Cleopatra hitched her kingdom's fortunes to Mark Antony, whose reorganization of Rome's eastern provinces in 37/6 BC saw vast tracts of the Roman East handed over to the Ptolemaic kingdom. Antony clearly intended to rule the eastern Mediterranean as a single, Hellenistic-style Romano-Ptolemaic dominion, presided over by himself and Cleopatra. These grandiose dreams were swept away by Octavian, the future Augustus, through his victory over Antony at the sea-battle of Actium in September 31 BC; Alexandria fell to Octavian eleven months later, and Egypt was smoothly incorporated into the Roman empire.

With Octavian's annexation of Egypt, the whole western half of Alexander's empire up to the Euphrates river was now in Roman hands. The eastern parts of the old Macedonian empire were controlled by the Parthians, the Iranian dynasty who had succeeded the Seleucids in Mesopotamia and Iran in the course of the 2nd century BC. The Greek city-states, and Greek culture more widely, continued to survive and flourish under Roman (and Parthian) rule. Several of the minor client-dynasties of the Near East, the direct successors to the great Hellenistic kingdoms, persisted into the Julio–Claudian period and beyond. But if one had to name a time and place at which the curtain fell on the Hellenistic world, then most people would surely opt for Alexandria on 12 August, 30 BC. As Cleopatra's servant Iras puts it in Shakespeare's *Antony and Cleopatra*, 'The bright day is done, / And we are for the dark'.

Chapter 3
Demetrius the Besieger and Hellenistic kingship

Warlords and kings

In the early summer of 307 BC, a young Macedonian general set sail from Ephesus with a fleet of 250 warships. Demetrius, some thirty years of age, and later affectionately known as 'the Besieger', was not of royal blood. His father Antigonus the One-Eyed had been a minor member of the Macedonian royal court, rising to power only after Alexander's death, thanks to his command of the main bulk of the Macedonian army in Asia. By 307, Antigonus had seized control of most of Alexander's conquered territories in western Asia, and now had his single eye fixed on the wealthy cities of mainland Greece. Demetrius' mission in 307 was the 'liberation' of the cities of Greece from the Macedonian dynast Cassander, Antigonus' chief rival for control of the Aegean.

Demetrius sailed first against the city of Athens, ruled since 317 by Cassander's client Demetrius of Phalerum, a conservative philosopher from Aristotle's Peripatetic school. In June 307, the Besieger's fleet sailed unchallenged into the Piraeus, the main harbour of Athens. His arrival was unexpected. Plutarch, in his *Life of Demetrius*, tells us that the Athenians had mistaken his armada for that of Cassander's ally Ptolemy of Egypt; the Aegean was bristling with Macedonian warships in those days. The deposed Demetrius of Phalerum came to terms with the city's new master, leaving Athens on the following day for Thebes. He eventually ended his days, like many Greek intellectuals of the period, in Ptolemy's court at Alexandria.

The new regime at Athens started with a bang. For ten years, Athens had been governed by Cassander as a narrow oligarchy. Demetrius now restored the ancestral Athenian democracy (at least in name), and promised the Athenians vast gifts of grain and ship-timber from his father's domains in Asia. The Athenians promptly hailed Demetrius as their saviour and benefactor; Demetrius and Antigonus were given the titles of Saviour Gods, and on the spot where Demetrius had first alighted from his chariot on arriving in Athens, the Athenians consecrated an altar to Demetrius the Alighter. Most important of all, as Plutarch tells us, 'the Athenians were the first among all men to address Demetrius and Antigonus as Kings, although both had previously shrunk from using the title'.

The first, but not the last. A year later, after a stunning victory by Demetrius over Ptolemy's fleet off Cyprus, both Demetrius and Antigonus were formally acclaimed as kings by their army. Within three years of Demetrius' capture of Athens, another five men had claimed the title of 'king' for themselves: Seleucus in Babylon, Ptolemy in Egypt, Lysimachus in Thrace, Cassander in Macedon, and Agathocles in Sicily. As the Hellenistic period wore on, monarchs continued to multiply, particularly in the lands vacated by the steadily shrinking Seleucid kingdom in Asia; by the early 2nd century BC, the Asia Minor peninsula alone was home to a good half a dozen local dynasts bearing the royal title.

What claim did men like Demetrius and Antigonus have to the title of king? In purely legal or constitutional terms, none whatsoever. Demetrius had no connection to the old Macedonian royal line; he and his father were essentially warlords, regional strongmen who could command an army's loyalty. But the

Athenians were not wrong to recognize Demetrius as a king. A medieval Greek lexicon, the so-called *Suda*, states the matter most pithily in its short entry on kingship ('*basileia*'):

> Monarchical powers are given to men neither by nature nor by law; they are given to those who are capable of commanding troops and handling politics competently. Such was the case with the successors to Alexander.

Kingship in the early Hellenistic world was primarily a matter of power. Demetrius was a man of outstanding charisma, dazzling military success, and colossal personal wealth, and therefore—in the eyes of his subjects, which is all that matters—he deserved the title of king. An impoverished, peace-loving, or unsuccessful king was a contradiction in terms: early Hellenistic kings were expected to look and behave like the young Demetrius, handsome and radiant, rich and warlike, fighting on horseback at the head of his troops. The new generation of kings drew heavily, of course, on the glamorous and dynamic generalship of Alexander the Great; but Alexander's royal authority had always rested first and foremost on his hereditary position as 'national' monarch of the Macedonians. Not so Demetrius.

As we might expect, the institutional position of these new-style Hellenistic monarchs was rather poorly defined. Their courts were made up of informal circles of friends ('*philoi*'), and the fiscal and administrative structures of the new kingdoms were rudimentary to say the least. Monarchy in the late 4th and early 3rd century was personal, not territorial. None of the successor monarchs ever described themselves as kings 'of' a particular region: they were simply 'kings'. Significantly, when Demetrius lost almost all of his dependent territories after the battle of Ipsus in 301 BC, and his 'kingdom' was reduced to a few maritime fortresses (Ephesus, Corinth, Tyre), he did not cease to be a king: so long as he retained his formidable war-fleet, his royal status was not in question.

As one generation succeeded another in the newly established Hellenistic kingdoms, the charismatic warlords of the late 4th century were gradually replaced by hereditary monarchs. Personal kingship was steadily transformed into a more stable territorial and dynastic kingship. But the origins of the Hellenistic monarchies in warfare, wealth, and personal magnetism were never forgotten. Right down to the end of the Hellenistic period, kings were always depicted in much the same way, as glamorous and dynamic heroes, taking on Alexander's mantle as warriors and conquerors. The so-called 'Terme ruler', an above-life-size bronze statue of a 2nd-century Hellenistic ruler (now in the Palazzo Massimo alle Terme in Rome), shows the king as a muscle-bound superman, powerful and ruthless, ready for new conquests (see Figure 7).

The king at war

War was at the heart of Hellenistic kingship. The acclamation of Demetrius and Antigonus as kings by their army followed hard on the heels of Demetrius' great naval victory over Ptolemy off Cyprus (306 BC), and almost a century later, some time in the 230s BC, the local dynast Attalus of Pergamon used a major victory over the Galatians of central Asia Minor as his justification for claiming the title of king. Numerous Hellenistic kings carried royal epithets or nicknames like *Nikēphoros*, 'victory-bearer', *Kallinikos*, 'winner of fair victories', or *Anikētos*, 'invincible'. A good Hellenistic king was expected to defend his inheritance, expand his territory by conquest, and enrich his army with a regular supply of booty.

The relentless militarism of Hellenistic monarchy has its origins in the carnage out of which the new kingdoms emerged. For thirty years after Alexander's death, vast armies, liberally funded by the booty captured from the Persian royal treasuries by Alexander, fought their way back and forth across Asia and Europe. Between 320 and 309 BC, Antigonus the One-Eyed (not a man in the first

7. The 'Terme ruler', a bronze statue of an unidentified Hellenistic prince, from the Quirinal in Rome; the statue was probably taken to Rome as booty some time in the 2nd or 1st century BC.

flush of youth) was on campaign almost without pause: against Eumenes in Asia Minor, Mesopotamia, and Iran (320–316), against a coalition of Ptolemy, Cassander, and Lysimachus in the Levant and Asia Minor (315–311), and finally against Seleucus in Mesopotamia (310–309). Antigonus himself died on the battlefield in 301 BC, still fighting in person well into his eighty-second year. In this grim struggle for land and prestige, the successor dynasts ploughed all their resources into the arts of war: the first Seleucid king, Seleucus I Nicator ('the Conqueror'), was willing to give up his territorial possessions in India to Chandragupta Maurya in return for 500 war elephants.

The most dramatic of all the campaigns waged by the early Hellenistic kings was Demetrius' great siege of the island-city of Rhodes, conducted over an entire year from summer 305 to summer 304 BC. Rhodes, probably the most powerful city-state in the Greek world at this period, had remained formally neutral in the wars of the successors, but showed particular favour to Ptolemy, since much of Rhodes' wealth (and all of her grain-supply) came through maritime trade with Egypt. When the Rhodians showed insufficient willingness to support Antigonus in his war against Ptolemy, Demetrius sailed against the city with a vast armament of more than 370 ships, 40,000 infantry, and an unspecified number of cavalry and pirate allies. Demetrius launched repeated assaults against the Rhodians' walls by land and sea, employing an increasingly Heath Robinson-esque array of siege engines (hence his nickname 'the Besieger'). The most elaborate of these was his famous *helepolis* ('City-Taker'), an armoured siege-tower nine stories high, and so heavy that it required 3,400 men to push it forwards on its 3-foot-thick iron-plated wheels.

For all its strategic importance, Rhodes was certainly not worth the colossal expenditure of resources that Demetrius sank into the siege. The capture of the city rapidly became a matter of personal prestige for Demetrius, not least because the besieged Rhodians continued to be supplied with grain by his three main rivals, Cassander, Lysimachus, and above all Ptolemy, who also sent mercenary forces in support of the city. Demetrius' increasingly extravagant gadgets had something of the theatrical about them: they were a means of impressing the wider Greek world with his unlimited resources of money, human capital, and military power. All to no avail—the city did not fall, and Demetrius, exhausted, finally broke off the siege after a year's effort. The Rhodians sold off the siege equipment left behind, and used the proceeds to build the famous Colossus of Rhodes, one of the Seven Wonders of the World, a titanic bronze statue (30 metres tall) of the sun-god Helios. The Colossus stood for fifty-four years overlooking the harbour of Rhodes, a warning to any Hellenistic king tempted to emulate Demetrius' disastrous military over-ambition.

Demetrius the god

The cities of the Greek world had never had to deal with anything quite like Demetrius before. Some Greeks, such as the Ionians of western Asia Minor, had lived for long periods under the rule of the Persian Achaemenid kings, distant barbarian rulers who intervened very little in the affairs of their subject cities (aside from taxing them). But Demetrius and his rivals were kings of a very different kind. They were Greek, or at least Macedonian; they possessed massive coercive power, and were prepared to use it to the benefit or disfavour of Greek cities. What is more, they could be highly visible presences in the life of Greek communities: Demetrius himself resided at Athens for several months at a time in the winters of 304/3 and 303/2, living in outrageously dissolute fashion in the rear chamber of the Parthenon itself (much to the Athenians' disgust). The Greeks needed to find a new way of structuring their relationship with these potent and charismatic supermen. The way that they chose was to worship them as gods.

This is less surprising than it might seem at first sight. The Greeks—unlike, say, Christians or Muslims—had never placed a high premium on individual religious conviction ('belief'). Greek religion was an eminently social phenomenon, based on collective rituals—festivals, sacrifices, processions—performed by the entire community. Theology had never interested Greeks very much, and 'faith' was not a salient category in Greek thought. The crucial thing was the reciprocal relationship between men and gods, mediated through prayer and animal sacrifice: we offer you cattle, and you protect us from plague and disaster.

The Hellenistic kings—men of godlike power and status—were prepared to offer reciprocal benefits of precisely this kind. If a city was struck down by an earthquake, or threatened by a foreign army, Demetrius really could rebuild your temples or protect your walls in return for your collective loyalty and dependence. The precise metaphysical character of the kings was simply not that important: worshipping Demetrius as a god did not necessarily involve holding any alarming beliefs about his bodily fabric, projected life-span, or ability to wield thunderbolts. If Demetrius responded favourably to the correct performance of rituals, then he *really was*, in all important respects, a god just like Zeus or Apollo.

In 291 or 290 BC, Demetrius arrived at Athens during the celebration of a major religious festival, the Eleusinian Mysteries of Demeter and Kore (Persephone). The Athenians greeted the king with an elaborate religious ceremony, burning incense to him on altars and offering libations. A Dionysiac chorus of men wearing erect phalluses came to meet Demetrius in the streets of Athens; the hymn that they sung to him survives, and reads as follows:

> How the greatest and dearest of the gods are present in our city! For a single moment has brought Demeter and Demetrius together here: she comes to celebrate the solemn mysteries of Kore [the Eleusinian Mysteries], while he is here in joy, as is fitting for the god, fair and laughing. His appearance is numinous; his friends are all around him, and he in their midst, as though his friends were

stars and he the sun. Hail, child of the most powerful god Poseidon and of Aphrodite! For other gods are either far away, or do not have ears, or do not exist, or take no notice of us, but you we see present here, not made of wood or stone, but real. So we pray to you: first make peace, dearest; for you have the power. That Sphinx who holds sway not over Thebes but over the whole of Greece, the Aetolian, who sits on a rock like the ancient Sphinx, who seizes and carries away all our people, against whom I cannot fight (for it is an Aetolian custom to seize their neighbours' property, and now even that of far-off peoples)—best of all, punish her yourself; if not, find some Oedipus who will either hurl that Sphinx down from the rocks or reduce her to ashes.

The prayer with which the hymn concludes is a strikingly practical one. The Aetolians of central Greece have been raiding Athenian territory; the Athenians pray to Demetrius to launch a retaliatory campaign against them, either in person or by sending one of his generals ('some Oedipus'). The Athenians clearly saw no incongruity in invoking Demetrius as a god, 'not made of wood or stone, but real', and simultaneously asking for military help against the Aetolians. What seems to us like a standard piece of international diplomacy—an appeal to a stronger power for protection—was expressed by the Athenians as a prayer to a living god.

Kings were not always present in person. Greek cities performed regular sacrificial rituals in honour of absent Hellenistic monarchs, modelled on pre-existing civic cults of the Olympian gods. One of our earliest descriptions of a civic ruler-cult comes from the small city of Aegae, on the west coast of Turkey, where the Seleucid victory over Lysimachus in 281 BC was marked with the establishment of a new temple dedicated to King Seleucus I and his son Antiochus:

So that the Revealed Gods Seleucus and Antiochus should be honoured by men in a manner worthy of their good deeds, let a temple, as beautiful as possible, be built beside the sanctuary of

> Apollo, with its own surrounding sanctuary. Let two cult statues be dedicated, as beautiful as possible, with the inscriptions 'Seleucus' and 'Antiochus', and let a statue and altar of the Saviour Goddess be erected in front of the temple. Opposite the temple, let an altar be founded, with the words 'Of Seleucus and Antiochus' inscribed on it, and let a sacred precinct, as beautiful as possible, be marked out. During the main annual sacrifice, let bulls be brought into the sanctuary for the Saviours Seleucus and Antiochus, and sacrificed just as for Apollo; and let two sacrifices be performed every month on the day that the city was liberated (by Seleucus and Antiochus). Let the civic tribes be reorganised, so that there should be six instead of four, and let the two new tribes be named 'Seleucis' and 'Antiochis'... And let the hall of the prytanes and the hall of the generals be rebuilt, with that of the prytanes renamed the 'Seleuceion' and that of the generals renamed the 'Antiocheion'.

The new cult of the Seleucid kings is clearly modelled on the existing cult of Apollo at Aegae. Crucially, ruler-worship has not been imposed by the Seleucids: the people of Aegae have introduced the cult of their own accord, as a way of cementing their future relations with their new Seleucid rulers. It is especially interesting to see the city reorganizing its political structure (the civic 'tribes') and even renaming certain public buildings in honour of the Seleucid kings. Likewise, after Demetrius' first capture of Athens in 307 BC, the Athenians created two new tribes named after their royal benefactors, 'Antigonis' and 'Demetrias'. Like the cults of Hellenistic kings, these honorific gestures were symbolic ways of expressing the cities' gratitude and loyalty to their new masters. The cities could of course expect to receive juicy privileges in return—internal autonomy, military protection, exemption from royal taxes, and so forth.

Kings and cities

In 303 BC, Demetrius' troops captured the small Greek city of Sicyon in the northern Peloponnese. Sicyon was a town with a long history, and had enjoyed some modest international fame in the age of its tyrant dynasty, the Orthagorids, in the early 6th century BC. Late 4th-century Sicyon was a small farming and manufacturing town, lying on a gently sloping coastal plain between the Helisson and Asopus rivers, at the foot of a formidable slice of table-land, protected on all sides by precipitous cliffs. This high plateau caught the Besieger's attention, as being completely impregnable for siege-engines. Demetrius promptly instructed the demolition of the existing town in the plain, and ordered the Sicyonians to relocate their homes to the easily defensible upper acropolis. As the historian Diodorus Siculus relates:

> Demetrius gave help to the mass of citizens in the construction work, and restored their freedom to them, for which benefaction they granted him honours equal to those of the gods. They renamed the city Demetrias, and voted both to celebrate annual sacrifices, festivals, and contests in his honour, and to grant him the other honours due to a city-founder.

The people of Sicyon were not the only Greeks to be forcibly relocated by Demetrius. In northern Greece, near the modern city of Volos, no fewer than fourteen small Greek towns were depopulated to provide the raw manpower for a new royal capital, also named Demetrias. Quite how cavalier Demetrius and his father Antigonus were in their treatment of existing communities can be seen in a long inscription from the Ionian city of Teos, in which Antigonus orders the immediate transfer of the entire population of nearby Lebedos into Teos, in the face of increasingly desperate practical objections from both cities.

In the late 4th and 3rd centuries BC, hundreds of new Graeco-Macedonian cities were founded by the Hellenistic kings across western Eurasia, many of them laid out on a scale hitherto undreamed of in the Greek world. As we saw in Chapter 2, Seleucus I founded four huge new cities in north-west Syria alone

(Antioch by Daphne, Apamea on the Orontes, Laodicea by the Sea, Seleucia in Pieria), the first two of which had populations numbering in the hundreds of thousands by the later Hellenistic period. The physical remains of these cities give an unnerving sense of the power and ambition of the early Hellenistic monarchs. In western Asia Minor, the city of Ephesus, refounded by Lysimachus and (temporarily) renamed Arsinoeia after his wife Arsinoe, was planned on a truly spectacular scale: its fortifications, 9 kilometres long, are estimated to have required some 200,000 cubic metres of cut stone for the curtain wall alone.

These new cities served several purposes. Most of them bore the name of their royal founder or members of his family, advertising the dynasty's power and prestige: Egyptian Alexandria and Kandahar in Afghanistan both preserve the name of their founder, Alexander the Great, while Thessaloniki, the second city of modern Greece, was named by the successor monarch Cassander after his wife Thessalonice (Alexander's half-sister). Many cities were home to large military garrisons: the main highway across Asia Minor was studded with new Seleucid fortress-towns at 40-kilometre intervals, and Demetrias, in northern Greece, became known as one of the 'fetters of Hellas'. In the vast open spaces of Seleucid Asia, the new cities served as centres of bureaucracy and taxation for the budding regime; more than 30,000 administrative seal-impressions have been excavated at Seleucia on the Tigris, the capital of Seleucid Mesopotamia.

On the most practical level of all, the cities served to house a deluge of hopeful migrants from Greece and Macedon into the newly conquered lands of the colonial Near East. Every year, tens of thousands of men and women set out from the old Greek lands for a better life in the 'New World' of Ptolemaic Egypt and Seleucid Asia, swelling the population of mega-cities like Seleucia on the Tigris or Alexandria in Egypt. The kings' personal reputation for generosity, machismo, and loose living was not the least of the enticements drawing people across the sea. In his fourteenth *Idyll*, the poet Theocritus imagines two young Greeks, Aeschines and Thyonichus, planning their getaway to the land of the Ptolemies:

> If you really mean to emigrate, then Ptolemy's the best paymaster for a free man. What sort of fellow is he otherwise? The best there is—considerate, cultured, partial to the ladies, as pleasant as can be, knows who his friends are (and his enemies even better), bestower of great favours upon many, and doesn't refuse when asked, just as a king ought to behave... So, if you fancy clasping the military cloak on your right shoulder, and have the guts to stand firm on both your feet to meet a strong man's charge, then off with you to Egypt.

Theocritus should know: himself a native of Syracuse in Sicily, he emigrated to Alexandria around 270 BC.

The royal 'club'

One of the most striking features of the new royal regimes was their similarity to one another. Royal coins and portrait sculpture depict Hellenistic kings and queens in much the same way, whether they happened to rule in Afghanistan, Cappadocia, or Sicily. Kings were almost invariably shown as clean-shaven, with thick wavy hair and a plain diadem (a kind of narrow headband) marking their royal status (see Figure 8); all of these elements

8. Silver tetradrachm of Demetrius the Besieger.

were taken over from the official iconography of Alexander the Great. Courts and royal administration took similar forms pretty much everywhere: Attalid financial officials in western Asia Minor carried the same titles as those in the Seleucid kingdom to the East (the *hemiolios, epi tōn hierōn, dioikētēs, eklogistēs*, etc.). Royal letters and edicts were composed in a single, 'international' chancery style, and in cases where the opening lines of a royal letter happen not to have survived (as frequently happens with stone inscriptions), it is often impossible to tell which king was the author.

A king's conduct towards his subjects was governed by certain conventional expectations. Kings were expected to be munificent towards their dependants, to respond to private and public petitions, and to recognize symbolic honours with a generous package of material benefactions (the reciprocal relationship that the Greeks called *euergesia*, the conferral of social status in return for good deeds, discussed further in Chapter 6). A particularly telling anecdote is recounted by Plutarch in his *Life of Demetrius*:

> An old woman once started pestering Demetrius as he was passing by, and repeatedly demanded a hearing. When he replied that he had no time, she screeched back at him 'Then don't be king!' Demetrius was deeply stung, and after reflection returned to his house. He put off all other business, and for many days devoted his time to receiving those who required an audience, beginning with this old woman.

Ben trovato, but unlikely to be true. Precisely the same story is told of King Philip II of Macedon, of Alexander's Macedonian regent Antipater, and of the Roman emperor Hadrian; a somewhat similar story attached itself to Demetrius' older contemporary Seleucus. Clearly we are dealing with a piece of ancient folk wisdom about how a good king *ought* to behave. All Hellenistic monarchs were subject to the same social rules, many of which were inherited by the Roman emperors who eventually succeeded them in the eastern Mediterranean.

This convergence of royal styles and ideology is, at first sight, somewhat surprising. After all, the local circumstances of the Hellenistic kingdoms were very far from uniform (Chapter 2). In Egypt, the Ptolemaic king was pharaoh to several million native Egyptians, who had very different expectations of their rulers; the brother-sister marriage practised by the Ptolemaic dynasty (unthinkable in a traditional Greek or Macedonian context) is only the most obvious concession to traditional pharaonic styles of rule. The 3rd- and 2nd-century Antigonid kings, by contrast, ruled over a fairly uniform 'old world' kingdom of Macedonians and Greeks. The Seleucid kingdom was culturally the most complex of all, being made up of a baffling variety of different Near Eastern peoples (Iranians, Babylonians, Jews, Arabs…), with a relatively small Graeco-Macedonian settler class concentrated in the new Seleucid cities.

But the kingdoms also had a great deal in common. All the kings competed for the services of a vast, itinerant population of mercenary soldiers, many of Greek or Macedonian origin, but also including ever larger numbers of Celts, Thracians, Illyrians, Arabs, and others. Since Hellenistic royal gold and silver coinages were mainly struck in order to pay the wages of these soldiers of fortune, it is hardly surprising that royal coins end up sharing a common 'visual language' of kingship. What is more, although the heartlands of the major kingdoms were culturally very diverse, military rivalry between the dynasties was largely played out in a fairly small and homogeneous region, the Aegean basin and (to a lesser extent) the Levantine coast. To take an extreme instance, between 310 and 280 BC, the coastal cities of Caria in south-west Asia Minor passed from Antigonus to Ptolemy I (309), were regained by Antigonus (308), fell to Lysimachus (301), were briefly reconquered by Demetrius (287), were recovered by Lysimachus (286–285), were lost to Seleucus (281), and at last fell into the hands of Ptolemy II (280–278). Should we be surprised that the kings ended up speaking more or less the same diplomatic language—and offering a fairly similar 'package' of fiscal benefits—to the Greek cities of the region?

Finally, although every now and then a monarch professed a claim to universal rule, in practice the Hellenistic kings saw themselves as peers. Right from the outset, the successor monarchs recognized, implicitly or explicitly, their rivals' claims to royal status. The early Hellenistic dynasts addressed one another as 'king' in their correspondence, and Demetrius' refusal to do so is cited by Plutarch as an instance of his exceptional arrogance and pride:

> Alexander himself never refused the title of King to any other monarch, nor did he call himself King of Kings, even though he himself had granted the title and status of king to many others. But Demetrius used to mock and laugh at those who gave the name of King to anyone but his father and himself, and was delighted to hear people drinking toasts at banquets to King Demetrius, Seleucus the Elephant-Master, Admiral Ptolemy, Lysimachus the Treasurer, and Agathocles the Island-Master of Sicily. The other kings, when this was reported to them, found his attitude highly amusing.

In fact, even Demetrius was in the end compelled to recognize his position as one monarch among many. In 298, Demetrius was a fleet-commander without a kingdom, and Seleucus was a king without a navy; a formal alliance between the two men was sealed at the coastal town of Rhosus in Turkey (near modern Antakya) by the marriage of Seleucus to Demetrius' daughter Stratonice. The exchanges between the two men, says Plutarch, 'were at once put on a royal footing': Seleucus entertained Demetrius in his army-camp in lavish fashion, before Demetrius received Seleucus on board his vast flagship. By this point, King Lysimachus had already married Ptolemy's daughter Arsinoe, and several marital exchanges between the Seleucid and Ptolemaic dynasties took place in the 3rd and 2nd centuries BC. Each king wielded absolute power in his own domain, but, as in early modern Europe, each monarch was also part of a wider 'royal club', a rich source of potential allies, rivals, and marital partners. After the loss of all his royal territories in mainland Greece (288–287 BC), and a last desperate adventure in Asia Minor (287–285), Demetrius eventually threw himself on Seleucus' mercy, and ended his days in captivity at his son-in-law's court, where he quietly drank himself to death, in the fifty-fifth year of his life.

Chapter 4
Eratosthenes and the system of the world

The chicken-coop of the Muses

Few aspects of the Hellenistic world have captivated the modern imagination so much as the Museum and Library of Ptolemaic Alexandria. The vision of a dedicated institution of learning and research, populated by librarians, poets, and scholars, and munificently endowed by an enlightened Ptolemaic state, has—for obvious reasons—an irresistible appeal to many modern academics. The first (and only) detailed description of the Museum of Alexandria comes from the geographer Strabo, writing in the early 1st century AD:

> The Museum is a part of the palace complex, and has a covered walkway, a hall with seats, and a large house containing a common dining-room for the learned men who belong to the Museum. This guild of men have their possessions in common, and there is a priest in charge of the Museum, formerly appointed by the king, but today selected by Caesar.

As Strabo indicates, the 'Museum' of Alexandria was not, like modern museums, a collection of physical artefacts, but a shrine dedicated to the Muses. The scholars attached to the Museum were housed and fed at state expense, and wrote on a dazzling variety of subjects, from pure mathematics to the textual criticism of Homer. The general pedantic ghastliness of the scholars' guild was already notorious in the Hellenistic era, as indicated by a fragment of the 3rd-century satirist and sceptic Timon of Phlius:

> Plenty of men get free dinners in populous Egypt, those bookish scribblers, arguing away interminably in the chicken-coop of the Muses.

It is sobering to reflect on how little hard evidence we have for the great Alexandrian Library associated with the Museum. Its precise location is unknown: most historians assume (or rather guess) that it formed part of the Museum-complex, no physical remains of which survive. We do not know when or by whom it was established, although such evidence as we have seems to point to the early years of the reign of Ptolemy II Philadelphus (283–246 BC). The figures given by ancient and medieval authors for the total number of volumes in the Library (between 200,000 and 700,000) are demonstrably fantastic: we should be thinking, at most, of tens of thousands of papyrus rolls, and perhaps considerably fewer. Finally, there is no good reason to think that the Library was ever destroyed by fire: like most of the libraries of antiquity, the Alexandrian collection of papyri probably suffered a slow and unromantic death by human neglect, natural decay, and the work of the common mouse.

Nonetheless, Hellenistic Alexandria was evidently a remarkable centre of intellectual activity. The 3rd and 2nd centuries BC saw spectacular developments in the fields of mathematics, geography, the natural sciences, humanistic scholarship, and—not least—poetry, much of which can be attributed to 'bookish scribblers' attached to the Museum at Alexandria. One of the few things that we do know about the Alexandrian Library is that it had a dedicated librarian-in-charge. A papyrus from Oxyrhynchus preserves a list of most of the Hellenistic librarians, and they are all, without exception, intellectuals of the first rank: the poet Apollonius of

Rhodes, author of the epic *Argonautica*; Eratosthenes of Cyrene, the greatest polymath of the Hellenistic Age; Aristophanes of Byzantium, the first lexicographer and critical editor of early Greek epic and lyric poetry. In the 'chicken-coop of the Muses', the scholars of Ptolemaic Alexandria quietly transformed man's understanding of his place in the world.

Space and time: Eratosthenes of Cyrene

Perhaps the single most impressive figure associated with the Museum was the mathematician, astronomer, chronographer, literary critic, and poet Eratosthenes of Cyrene (*c.*276–194 BC). His intellectual interests were so broad that he coined a new term to describe his profession: *philologos*, 'lover of learning'. In antiquity, he was nicknamed 'Beta' (the second letter of the Greek alphabet), since despite his brilliance across a huge range of disciplines, he was only second-best in each of them. There are worse ways to be remembered.

In one field, at least, the title 'Beta' was grossly unjust. The discipline of scientific geography was the single-handed creation of Eratosthenes, whose two major works in the field, *On the Measurement of the Earth* and *Geographika*, brought about a revolution in the Greeks' conception of space and place. In the first of these books, Eratosthenes devised a beautiful method for estimating the circumference of the earth (see Figure 9). Eratosthenes began with three broadly correct assumptions: that the earth is spherical; that Alexandria and the city of Syene, in the far south of Ptolemaic Egypt, stand on the same longitude; and that the sun is so far off that its rays fall in parallel on different parts of the earth. Syene (S) lies on the Tropic of Cancer, and hence a pole (*gnōmon*) set up vertically at Syene (SZ) casts no shadow at noon on the summer solstice. Now picture a second *gnōmon* set up at Alexandria (A) at noon on the same day (AZ′). This pole casts a short shadow, which allows us to calculate the angle at which the sun's rays strike the top of the pole

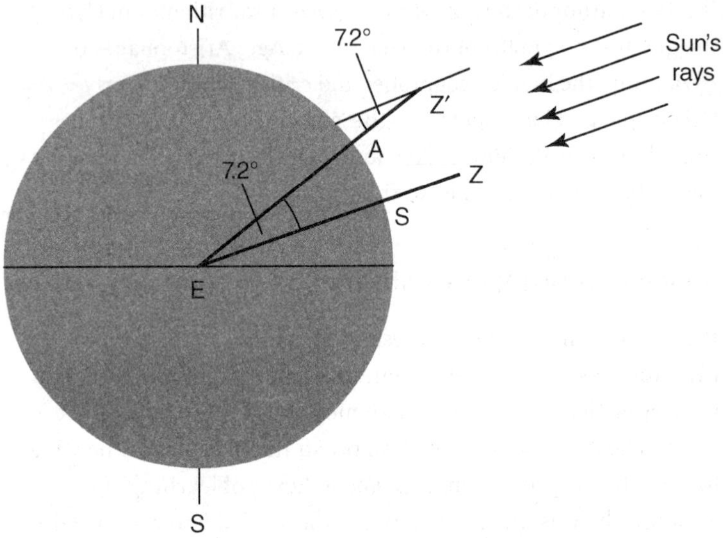

9. Eratosthenes' method for measuring the circumference of the earth.

(7.2°, or $^1/_{50}$ of a circle). If we now imagine the two lines SZ and AZ′ extending to the centre of the earth (E), it is evident that the angle AES is also 7.2°. Eratosthenes estimated the total distance from Alexandria to Syene as 5,000 *stades*; the total polar circumference of the earth was therefore (50 × 5,000) *stades*, or 250,000 *stades*. The unit of distance used by Eratosthenes, the *stade*, seems to have been 184.98 metres in length, giving a nominal circumference of 46,245 kilometres. In fact, as a result of Eratosthenes' use of rough round figures (5,000 *stades* and $^1/_{50}$ of a circle), his estimate is off by around 16 per cent: the true polar circumference of the earth is 40,008.6 kilometres. But why quibble? The method is elegant, ingenious, and completely correct: for the first time in human history, the true scale of the earth was known with absolute certainty.

In his *Geographika*, Eratosthenes wrote the first critical scientific geography of the world, known and unknown. Earlier Greek geographic works had taken the form of linear journeys around the inhabited world (*periēgēseis*), written from the perspective of the earth-bound traveller. Eratosthenes was the first to describe the surface of the earth as continuous geometric space, divided up by latitude and longitude. The inhabited temperate zone, from India to Spain, extended across only a third of the circumference of the earth. (Eratosthenes did not of course guess at the existence of the Americas.) Within this zone, Eratosthenes argued, the traditional Greek division of the world into three continents (Asia, Europe, and Africa, separated by narrow straits like the Hellespont) was an arbitrary human construct. The distinction between Europe and Asia resulted from the fact that the earliest Greeks 'did not have a clear perspective on the whole inhabited world, but only on their own land [mainland Greece] and the Carian land lying opposite, in which the Ionians and their neighbours now live [mainland Turkey]'. Because the Aegean Sea happens to form a clear boundary between Greece and Asia Minor, the Greeks, so Eratosthenes argues, wrongly assumed that there were real *continuous* boundaries between Europe and Asia. In fact, this was false: the inhabited world formed a single whole, and the categories of European 'Greeks' and Asiatic 'barbarians' had no objective geographic basis.

Not the least of Eratosthenes' achievements in the *Geographika* was his cool-headed understanding of what counted as evidence. The first book of the *Geographika* contained an extended discussion of the geographical 'information' preserved in the Homeric epics, the occasion of much learned debate by scholars ancient and modern. For Eratosthenes, Homeric geography was wholly imaginary: any attempt to map, say, Odysseus' journey home from Troy onto the real geography of the Mediterranean was doomed to end in frustration and muddle: 'You will find the scene of Odysseus' wanderings,' he sarcastically concluded, 'when you track down the cobbler who sewed up the sack of the winds.'

The same sharp critical instincts were on display in Eratosthenes' work on historical chronology. As a glance at almost any page of

Herodotus will show, earlier Greek writers had used a very haphazard system for dating historical events, by human generations, the annual civic magistrates of Athens, synchronies with other famous rulers or battles—pretty much whatever fell to hand. Eratosthenes brought order to this chaos. In his *Chronographiai*, he drew up a complete chronological table of Greek history based on the best documentary sources available to him. Surviving lists of winners at the Olympic Games took him back to 776/5 BC, and early Spartan king-lists carried him another three centuries further, to the year 1104/3 BC. He divided up the whole history of the Greek world from the Trojan War (dated by him to 1184/3 BC) to the death of Alexander the Great (323 BC) into ten historical epochs, marked off from one another by significant events (Xerxes' invasion of Greece, the outbreak of the Peloponnesian War, and so forth). Eratosthenes' chronological 'spine' for Greek history, based on Olympiad dating, was adopted by virtually all later Greek historical writers; in certain respects we still depend on it today.

Scientific research does not take place in a vacuum, and Eratosthenes' geographic and historical scholarship was intimately tied up with the interests of his Ptolemaic patrons. It is, at the very least, a striking coincidence that his measurement of the earth was anchored to the northern and southern limits of the Ptolemies' Egyptian domain (Alexandria, the capital city, and Syene, the southern border of Ptolemaic Egypt). Alone among the major Hellenistic dynasties, the 3rd-century Ptolemaic kings ruled over territories in Europe, Asia, and Africa; the shape of the far-flung, cross-continental Ptolemaic empire surely influenced Eratosthenes' denial of any objective divisions between the three continents. Even the Ptolemaic tax system, based on a comprehensive geometric survey of all taxable Egyptian land-holdings, finds distant echoes in Eratosthenes' geometric mapping of the entire inhabited world. None of this is to detract from Eratosthenes' achievement; it ought merely to remind us of his status as a royal appointee, housed and fed in the palace of the Ptolemies at the king's expense.

Pure and applied: Archimedes of Syracuse

Given the choice, Eratosthenes would probably have wished to have been remembered first and foremost for his work in pure mathematics. Few of Eratosthenes' mathematical writings have survived, aside from a short treatise addressed to Ptolemy IV Philopator on the duplication of the cube (to be discussed presently) and a brief summary of his so-called 'sieve', an elegant algorithm for finding all prime numbers up to a given limit. In truth, 'Beta' seems about right for Eratosthenes' status as a mathematician. There has only ever been one candidate for 'Alpha': Eratosthenes' older contemporary Archimedes of Syracuse (*c.*287–212 BC), the greatest mathematician of classical antiquity.

Little is known of Archimedes' career. He passed most of his life at Syracuse, the hub of Hellenistic culture in the western Mediterranean, then under the rule of King Hieron II (*c.*269–215 BC). He and Eratosthenes were friends, or at least long-distance mutual admirers: two of Archimedes' most important surviving works, the *Cattle Problem* and the *Method*, are addressed to Eratosthenes. Archimedes' reputation rests primarily on his status as the founder of mathematical physics, or the application of pure mathematics to real-world physical problems. His treatise *On Floating Bodies*, the first major work in the field of hydrostatics, is concerned with the equilibrium positions of solids of various shapes and densities when floating in water; there is some reason to think that Archimedes had the design of warships' hulls in mind (the Hellenistic period was an age of rapid innovation, and overconfident gigantism, in shipbuilding).

Even when apparently engaged in problems of pure geometry, Archimedes was repeatedly drawn back to the mathematics of the physical world. In his *Method*, he proposed a quite startling means of determining the volume of a geometric object, say a cone or a segment of a sphere. Archimedes asks us, first, to imagine this object as a uniform solid which has been sliced up into a large number—a very large number indeed—of very thin parallel slices perpendicular to its axis. He then invites us to picture these slices as superimposed and suspended at one end of an imaginary lever, in equilibrium with some other solid whose volume and centre of gravity are known, say a cylinder. The eponymous 'Method' is this beautiful application of mechanical methods to geometric problems: placing a complex geometric object in equilibrium with a simpler one on an imaginary balance, and thereby avoiding the difficult integration which would be required to calculate the original object's volume directly. (This approach also involved the earliest attested use of infinitesimals in mathematical argument—a crucial first step towards the discovery of calculus.)

The Archimedean 'physical turn' in mathematics was entirely in line with wider intellectual trends of the period. The 3rd century BC was an age of engineering and technological innovation, much of it once again associated with the court of the Ptolemies at Alexandria. Archimedes himself was probably responsible for the invention of the cylindrical water-screw, a hand-turned device used for lifting water, and thus invaluable in Egyptian irrigation-agriculture, as well as in mine-drainage. The force-pump, a more complex water-lifting device, also seems to have been devised in 3rd-century Alexandria. Probably the single most important mechanical invention of the early Hellenistic period was cogwheel gearing, used for the first time in the 3rd century BC, and rapidly applied to a wide variety of practical devices and gadgets (geared winches, water-clocks, planetaria, the hodometer). One of the few surviving products of Hellenistic engineering is the so-called Antikythera mechanism, an elaborate geared instrument recovered from a shipwreck off the coast of the Peloponnese, designed to calculate the movement of astronomical bodies (see Figure 10). In its precision engineering and technical complexity (thirty miniature interlocking gear-wheels of between fifteen and 223 teeth each), the Antikythera mechanism has no parallel in European technology before the Early Modern period.

10. A modern reconstruction of part of the gearing of the bronze 'Antikythera mechanism', a sophisticated astronomical instrument of the 2nd century BC.

Right-angle gearing enabled the development of one of the great triumphs of Greek and Roman technology, the vertical watermill. Although the watermill did not come into widespread industrial use until the Roman Imperial period, recent research has convincingly pushed its invention back to the 240s BC. The water-driven grain mill was a truly Promethean leap forward, substituting water-power for human and animal muscle in one of the central productive technologies of any agrarian society (the milling of grain into flour). A verse epigram of the 1st century BC, attributed to Antipater of Thessalonice, is one of the most eerie texts to survive from classical antiquity, breathing the spirit of the Industrial Revolution almost two millennia before the event:

> Rest your mill-turning hands, you maidens who grind; sleep on,
> Even when the cock-crow announces the dawn;
> For Demeter has assigned the toil of your hands to the water-nymphs,
> Who now leap on the very edge of the wheel,
> And whirl the axle which, with its revolving cogs,
> Turns the hollow weight of the Nisyrean millstones.
> We taste again the golden age of old, as we learn to feast
> On the works of Demeter [i.e. cereals], free from human labour.

The Ptolemaic kings—particularly Ptolemy II Philadelphus—stand out among Hellenistic rulers as willing financiers and patrons of this great wave of mathematical, scientific, and technological research. No doubt, they had good practical reasons for encouraging technological innovation: one of the few research projects specifically attributed to Ptolemaic royal initiative was intended to increase the power and range of torsion artillery. But let us not be churlish. No independent Greek city-state could have produced an object like the Antikythera mechanism. For a crucial few decades in the 3rd century BC, the scientists of Ptolemaic Alexandria were encouraged to imagine the unimaginable, and were given the resources to put it into practice.

Poetry and literary scholarship

One of the more unexpected features of Alexandrian scholarship is the broad area of overlap between what we now call the humanities and the sciences (a distinction that did not exist in antiquity). Eratosthenes himself was an accomplished poet; what is more, at least some of his poetry was concerned with the subject-matter of the natural sciences. The only one of Eratosthenes' works to survive complete is a short mathematical treatise, addressed to King Ptolemy III Euergetes (reigned 246–221 BC), on the problem of the duplication of the cube—that is to say, how to calculate the linear measurements of a solid whose volume is double that of a given solid of like proportions. After a sober mathematical exposition of the problem, Eratosthenes concludes his work with an eighteen-line verse epigram:

> Friend, if you intend to fashion a double-sized cube from a smaller one,
> Or successfully to metamorphose any solid form into another,
> Then here is your answer, even if you wish to measure
> In this way a cattle-byre, or corn-pit, or the broad body
> Of a hollow well: you must catch between two rulers
> Two means with their extreme ends converging.
> Do not seek the impractical business of Archytas' cylinders,
> Nor to cut the cone in the triads of Menaechmus,
> Nor whatever shape of curved lines is found
> In the writings of god-fearing Eudoxus.
> For through my tables you will easily be able to construct
> Innumerable mean proportionals, starting from a small base.
> Blessed Ptolemy [III], father of the same youthful vigour as your son,
> You have bestowed all that is dear both to the Muses
> And to monarchs. As for the future, heavenly Zeus,

May he [*i.e.* Ptolemy IV] also obtain the royal sceptre from your hand.
And may all this come to pass, and let him who looks on this dedication say:
This is the work of Eratosthenes of Cyrene.

Eratosthenes here offers a crisp summary of the whole treatise. He outlines his main conclusions, indicates their practical real-world applications (a kind of Ptolemaic Impact Assessment), castigates earlier writings on the subject, and gives fulsome thanks to the monarch whose patronage has allowed him to conduct his research. What is startling is that he chooses to present this report in impeccable elegiac verse. This was not just an act of personal whimsy. Archimedes' *Cattle Problem*—a fiendishly difficult mathematical puzzle, the full solution to which was not obtained until 1965—similarly takes the form of a poem of twenty-two elegiac couplets. These poems are not doggerel: peculiar though it appears to us, mathematicians like Archimedes and Eratosthenes took as much care over the 'literary' presentation of their work as they did over the problems and solutions themselves.

Self-evidently, no hard dividing line can be drawn between Alexandrian science and Alexandrian poetry. Indeed, one of the defining features of Hellenistic poetry is precisely its erudite and technical character. In antiquity, the most widely read and admired Hellenistic verse text was Aratus' *Phaenomena* ('Visible Signs'), composed at Antigonus Gonatas' Macedonian court in the mid-3rd century BC. This long poem, on constellations and weather-signs, falls into a long Greek tradition of 'didactic' or 'educative' poetry, going back to the *Works and Days* of the Boeotian poet Hesiod (*c.*700 BC). What distinguishes the *Phaenomena* from earlier didactic poems is Aratus' bravura translation of technical geometric astronomy into the language of poetry. The first two-thirds of the *Phaenomena* are an ingenious poetic guide to the night sky, based on an earlier prose work by the astronomer Eudoxus of Cnidus; the final third explains how to predict weather conditions from natural phenomena (birds, clouds, the appearance of the moon). Aratus' poem was later rendered into Latin by both Cicero and Ovid; a large part of the first book of Virgil's *Georgics* is based on Aratus, and the poem was even quoted by the Apostle Paul in his sermon on the Areopagus (Acts 17:28).

The scientific mindset can be clearly seen in the more traditionally 'humanistic' activities of scholars associated with the Alexandrian Museum. In the early 3rd century BC, as contemporary papyrus fragments show, Homer's *Iliad* and *Odyssey* were circulating in a wide variety of different texts, littered with extra lines, omissions, and variant readings. A whole series of Alexandrian scholars, beginning with Zenodotus of Ephesus in the second quarter of the 3rd century, dedicated themselves to the careful editing and critical explication of the Homeric text. This process culminated in the full textual edition and commentary on the *Iliad* and *Odyssey* composed around 150 BC by Aristarchus of Samos. The impact of this great work was immediate and final: textual variants abruptly disappear from Homeric papyri of the later 2nd century BC, and the text of Homer that has come down to us in medieval manuscripts is essentially the one established by Aristarchus. This critical approach was soon extended to other 'classic' literary texts (indeed, the very category of the 'classic' was an invention of Museum scholars): Eratosthenes himself wrote a huge twelve-volume work *On Old Comedy*, in which he studied rare vocabulary and dialect forms in the 5th-century Attic comedies of Aristophanes and his contemporaries. Classification, tabulation, and critical analysis of the Greek literary heritage was one of the chief aims of Alexandrian scholarship. Something of the tone and method of this vast encyclopedic project can be gained from a list (preserved in a medieval Greek lexicon, the *Suda*) of the major works of the 3rd-century poet and scholar

Callimachus of Cyrene, the alleged author of more than 800 books in total:

> Here are some of the books written by him: the *Arrival of Io*; *Semele*; the *Foundation of Argos*; *Arcadia*; *Glaucus*; the *Hopes*; satyr plays; tragedies; comedies; lyric poems; the *Ibis*, an elaborately obscure and unpleasant poem, against a certain 'Ibis', an enemy of Callimachus—this is in fact Apollonius, who wrote the *Argonautica*; the *Museum*; *Pinakes* ['Tables'] of all those who excelled in every genre of literature, and lists of their works, in 120 volumes; a *Pinax* and account of teachers, listed from the beginning in chronological order; a *Pinax* of words and compounds found in the works of Democritus; the *Names of the Months* in the various tribes and cities; the *Foundations* of islands and cities and their changes of name; *On the Rivers in Europe*; *On the Marvels and Wonders of the Peloponnese and Italy*; *On Changes in the Names of Fish*; *On Winds*; *On Birds*; *On the Rivers of the World*; a *Collection of Wonders* of the entire world, in geographical order.

We might remark on one striking absence from this list. There is no sign that Callimachus ever engaged with the rich history, antiquities, or literature of his adopted homeland, Egypt. Alexandrian literary scholarship was very definitely for—and about—Greeks only.

Beyond Alexandria

The great age of the Alexandrian Museum ended abruptly in 144 BC, when Ptolemy VIII *Kakergetes* ('Malefactor') expelled the greater part of the city's scholarly community, apparently in revenge for their having favoured a dynastic rival. But the Ptolemies were not the only royal patrons of intellectual and cultural activity in the Hellenistic world. We have already seen that Aratus' *Phaenomena* was composed at the Macedonian court of Antigonus Gonatas; at Syracuse, Hieron II (reigned *c.*269–215 BC) enjoyed the services of Archimedes and—for at least part of his career—the bucolic poet Theocritus. Most enthusiastic of all were the Attalid dynasty of Pergamon in north-west Asia Minor, who, from the late 3rd century onwards, built up a royal library to rival that of Alexandria. In the absence of a native supply of papyrus, most of the books in the Pergamene library were written on leather 'parchment': the English word is a distant descendant of the adjective 'Pergamene'. The most important scholar attached to the Pergamene library was Crates of Mallos, the proponent—in stark contrast to his more sober Alexandrian contemporaries—of fanciful allegorical interpretations of the Homeric poems.

Perhaps surprisingly, the scholars of the Alexandrian Museum paid little attention to philosophy. In this field—and in this field alone—the city of Athens maintained its pre-eminence in the Greek world right down through the Hellenistic period and beyond. By the late 4th century, two major Athenian 'schools' of philosophy were already in existence, Plato's Academy and Aristotle's Lyceum (also known as the Peripatetic school, from the *peripatos* or 'walkway' of the Lyceum in which Aristotle taught). In the last decade of the 4th century, two heterodox philosophers, Epicurus of Samos and Zeno of Citium, settled at Athens. The philosophical traditions founded by these two men, Epicureanism and Stoicism (named after the Painted Stoa at Athens, where Zeno taught), proved astonishingly fertile and long-lived. Most significant Roman philosophical writing is either Epicurean (Lucretius, Philodemus) or Stoic (Seneca, Epictetus, Marcus Aurelius) in inspiration.

Very little is known of the structure of the four chief philosophical 'schools' of Hellenistic Athens. They were not formal institutions like the Alexandrian Museum, and none depended on state support. Probably we should think of loose communities of teachers and adherents, much as we might speak today of a 'school' of Wittgenstein or Foucault. It is striking how few of the significant figures of Hellenistic philosophy were natives of

Athens. Young men from across the Greek world gravitated to Athens for a philosophical training, where they were taught, for the most part, by non-Athenians. The Athenian state was quick to recognize the benefits it could reap from this steady influx of bright young things. In 155 BC, Rome imposed a crippling fine on Athens for plundering the neighbouring town of Oropus, and the Athenians were compelled to dispatch an embassy to Rome to beg for a reduction in the size of the fine. The three chosen ambassadors were all non-Athenians, the heads of the three main philosophical schools of the day: the Academic Carneades of Cyrene, the Peripatetic Critolaus of Phaselis, and the Stoic Diogenes of Seleucia.

Perhaps the single most distinctive feature of Hellenistic philosophy is its turn away from politics and political theory towards the cultivation and perfection of the individual. The political planning of Plato's *Republic* and Aristotle's *Politics* had no Hellenistic sequels. Instead, the Epicureans and Stoics (and other Hellenistic schools of thought, the Cynics and Sceptics) understood the task of philosophy to be the therapeutic treatment of the individual soul. Epicureans and Stoics offered different paths to the relief of human misery: for an Epicurean, the only intrinsic good lies in tranquillity and the absence of pain, which can be achieved by the surgical extirpation of bad habits and false desires; for a Stoic, the consistent and dogged application of rational thought and self-scrutiny would gradually lead the student to a realm of moral freedom and dignity. Epicureanism purported to offer a one-off, self-contained medical short-cut to the good life; Stoicism an ongoing habit of thought which would get you there in the end.

Neither system concerned itself much with human communities outside the narrow circle of its own devotees. The individual Stoic, or so it was believed, would necessarily come to understand his true status as a 'citizen of the world' (*kosmou politēs*). Hence if only enough people could be persuaded to accept the doctrines of

Stoicism, a rational, egalitarian, moral society would inevitably be the result. When it came to the actually existing laws and institutions of the Hellenistic city-states and kingdoms, the Epicurean and the Stoic had little to offer: they could look down on the messy compromises and injustices of Hellenistic politics with serene superiority. It is all too easy to understand how Stoicism became, under the Roman empire, the favoured doctrine of the well-off senatorial elite.

Chapter 5
Encounters

Ashoka looks west

Around 255 BC, the Indian king Ashoka looked out west from his capital city on the Ganges river with profound satisfaction. His own Buddhist ethic of *dhamma* ('righteousness') now held sway, or so Ashoka believed, 'beyond all his frontiers to a distance of six hundred *yojanas*' (about 6,000 miles). Buddhist proselytism, claimed the king, had been successful in all the lands to the west of the Hindu Kush:

> Where reigns the Yona king named Antiyoko, and beyond the realm of that Antiyoko in the lands of the four kings named Turumaye, Antikini, Maka, and Alikasudaro.

The 'Yona king' (that is, king of the 'Ionian' Greeks) can only be the Seleucid king Antiochus II, master of a vast stretch of territory from the Aegean to the borders with India. The 'lands of the four kings', lying beyond Antiochus' Asiatic realm, are the eastern Mediterranean kingdoms of Ptolemy II of Egypt, Antigonus Gonatas of Macedon, Magas of Cyrene, and Alexander II of Epirus.

What dealings Ashoka might have had with the remote principalities of Cyrene and Epirus, heaven only knows. Still, his grasp of the political geography of the eastern Mediterranean is impressive. The Indian encounter with Greece was one with momentous consequences for both sides: the extraordinary flowering of Gandharan Buddhist art (a hybrid of Greek and Indian styles) is only the most obvious example of the rich cultural traffic between the sub-continent and the Greek civilizations of Asia. It is salutary to recall that the longest Greek inscription to survive from the Hellenistic Far East is an edict authored by Ashoka himself, cut into a rock-face at modern Kandahar (ancient Alexandria in Arachosia), describing the king's Buddhist philosophy in elaborate and impeccable Greek prose.

The inscriptions of Ashoka give us a sense of the almost unimaginable scale of the Hellenistic world—the world which was being mapped and described at precisely this date (the mid-3rd century BC) by Eratosthenes at the Alexandrian Museum, 3,350 miles to the west of Ashoka's capital at Pataliputra. In this chapter, we will travel to the outermost limits of Hellenistic civilization, where the Graeco-Macedonian societies of the Mediterranean and western Asia rubbed shoulders with sophisticated and powerful non-Greek neighbours. In the Far East, we will visit the extraordinary city of Aï Khanoum, a Greek city on the banks of the Oxus in north-east Afghanistan, with its Greek theatre, Mesopotamian-style temple, and vast mud-brick palace. To the south, we will follow the great sea-captain Eudoxus of Cyzicus on his journey of exploration across the Southern Ocean, forging the first direct link between Ptolemaic Egypt and the Indian subcontinent. To the north, we will visit Olbia in southern Ukraine, a Greek city under constant pressure from Scythian steppe nomads, and in the far west, we will examine the Villa of the Papyri at Herculaneum, the luxury dwelling of a Roman aristocrat of the mid-1st century BC.

East: Aristotle in the Hindu Kush

A hundred and thirty miles east of the Afghan city of Mazar-i-Sharif, on the left bank of the River Oxus, lie the ruins of an ancient city, today known as Aï Khanoum ('Lady Moon' in Uzbek). Partially excavated by a French team between 1964 and 1978, Aï Khanoum has a special place in the heart of any Hellenistic historian. This is the only Hellenistic Greek city excavated anywhere east of Mesopotamia: most of what we think we know about the history of the Greeks in the Far East comes from this one remarkable site.

The town lies on a roughly triangular site in the angle between the Oxus river (the modern Amu Darya) and its southern tributary, the Kokcha. It was a big place: the main road through the city runs as straight as an arrow for a little over a mile, and the landward flank of the town was defended by a colossal set of mud-brick fortifications, a good mile and a half in length (see Figure 11). The city seems to have been founded by Seleucus I in the years around 300 BC, within a generation or so of Alexander the Great's conquest of Afghanistan. Its history was cruelly brief: in 145 BC, give or take a few years, Aï Khanoum was sacked (it is not clear by whom), and never subsequently reoccupied.

Seleucus was not the first to see the potential of this magnificent site. The fertile valley of the Oxus, ancient Bactria, had been one of the wealthiest provinces of the Achaemenid Persian empire. Already under the Achaemenids, Aï Khanoum seems to have served as an administrative centre for upper Bactria; the great Hellenistic palace-complex at Aï Khanoum, laid out on a different orientation from the rest of the city, probably lies on top of an Achaemenid-era palace. But the Hellenistic city was planned on a far larger scale than its putative Achaemenid predecessor. Monumental Greek-style public buildings—a theatre, a colossal gymnasium, an arsenal—were strung out along the main road through the town. The main residential district (at the far western corner of the site) was made up of very large private houses, equipped with private bathrooms in Greek style. At the centre of the town stood a hero-shrine to the city's founder, Kineas of Thessaly; it was here, in the mausoleum of Kineas, that the

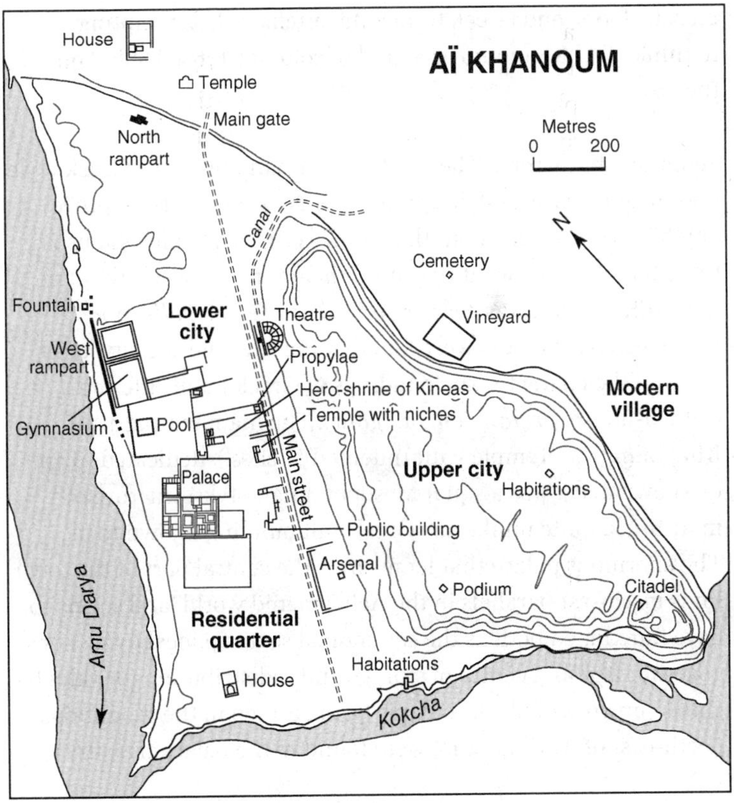

11. Site plan of Aï Khanoum.

maxims of the Seven Sages of Greece, brought from the Delphic sanctuary of Apollo, were inscribed on stone by the travelling philosopher Clearchus of Soli (Chapter 1).

At first glance, Aï Khanoum looks like a Greek city transplanted from the Aegean and dropped into the heart of central Asia. With the exception of a single scrap of Aramaic on a potsherd, every written document from Aï Khanoum is in the Greek language; papyrus and parchment fragments from the palace treasury preserve scraps of a lost philosophical work by Aristotle, and what appears to be a Classical Greek tragic drama. The public buildings of Aï Khanoum were adorned with Corinthian columns, pebble mosaic floors, and Greek terracotta antefixes. It is tempting to think of Aï Khanoum as a kind of colonial 'Little Hellas' on the Oxus.

Tempting, but wrong. The fact that Aï Khanoum had a Greek-style theatre and a Greek-style gymnasium does not, in itself, prove anything very much about the ethnicity of the people who used these buildings, or what they used them for. There is little sign that Aï Khanoum was ever organized as a Greek *polis*: no inscribed civic decrees were found at the site, and the city lacks many of the characteristic buildings of Greek public life (no council-house, *prytaneion*, or *agora*). The main temple at Aï Khanoum (the 'Temple with Indented Niches'), dedicated to an unknown deity, was a squat Mesopotamian-style structure of mud-brick, quite unlike any Greek cult building known to us. The enormous palace that looms over the central part of the town finds its closest parallels in the Achaemenid world, and seems to have functioned both as the ceremonial seat of a local dynast or governor and as a centre of storage and redistribution for valuable goods (unworked blocks of lapis lazuli, mined in the mountains north-east of Aï Khanoum, were found in the palace treasury).

In the light of all this, one starts to wonder whether the inhabitants of Aï Khanoum were even Greek. Well, maybe they were, and maybe they weren't—it all depends on what we think 'Greek' means. At least some of the original settlers, like Kineas the Thessalian, were immigrants from the Aegean. But intermarriage between Greeks and Bactrians was clearly common enough: the Seleucid king Antiochus I was himself the product of a union between the Macedonian Seleucus and a Sogdian (Uzbek) princess named Apame. Even those locals who did not end up marrying into Greek families must have had strong incentives to take on Greek names, learn the Greek language, and adopt at least some Greek cultural practices. There is certainly no sign of any ethnically based *apartheid* at Aï Khanoum: 2nd-century documents from the palace treasury show people with Greek,

Iranian, and Bactrian personal names working alongside one another. The people of Aï Khanoum were keen to 'act Greek' in some contexts (the theatre, the gymnasium), but were equally happy to 'act Bactrian' in others (public religion, perhaps also the political sphere). Their 'real' ethnicity may simply not have been all that important.

The dividing line between Greek and non-Greek at Aï Khanoum was clearly blurry at best. The same seems to have been true elsewhere in Bactria. A hundred miles downstream from Aï Khanoum, at a place called Takht-i Sangin, lie the ruins of an Iranian-style temple of Hellenistic date, where men with Bactrian names made Greek-style offerings to the local river-god Oxus. A certain Atrosokes set up a little bronze figurine depicting the mythological Greek satyr Marsyas, accompanied by a short Greek-language inscription ('Atrosokes dedicated this to Oxus, in fulfilment of a vow': see Figure 12). Another Greek inscription from this temple, first published in 2008, is an even richer cross-cultural cocktail: 'Iromois, son of Nemiskos, *molrpalres*, dedicated to Oxus a bronze cauldron weighing seven talents, in accordance with a vow'. The dedication itself, aside from a few oddities of spelling, is perfectly Greek in form. But the dedicator carries an Iranian name, 'Iromois'; his father's name, 'Nemiskos', could be of either Greek or Kushan origin; and '*molrpalres*' is a Bactrian word apparently meaning 'keeper of the seal'. This little text is a beautiful illustration of the new, hybrid 'Graeco-Bactrian' culture of the Hellenistic Far East: strange exchanges, old gods worshipped in new ways, and new settlers gradually becoming indistinguishable from locals.

Tragically, we are unlikely ever to learn much more about the encounter between Greeks and Bactrians at Aï Khanoum. In recent years, like many other archaeological sites in Afghanistan, Iraq, and Syria, Aï Khanoum has been stripped bare by local treasure-hunters: today the site has been reduced to a desolate moonscape, pockmarked with craters. The flood of Hellenistic

12. Atrosokes' dedication to the Oxus.

artefacts from Bactria—inscriptions, coins, sculptures, jewellery—onto the international antiquities market since 2002 tells its own, melancholy story.

South: argonauts of the monsoon

Until the late 4th century BC, the Greeks were unaware of the existence of the Indian Ocean. The Red Sea and the Persian Gulf were traditionally considered to be inland seas. When Alexander the Great crossed into India in 326 BC, he still believed that the Indus river and the Nile were connected, a hypothesis which seemed briefly to be confirmed by the presence in the Indus of crocodiles and lotus-plants (previously thought to be unique to the Nile). The existence of a great ocean at the mouth of the Indus river came as a rude shock to Alexander and his men. Alexander's admiral Nearchus was sent west to explore the sea-route along the Baluchistan coast in 325 BC; he brought back strange tales of monstrous sea-creatures out in the deep, which blew water upwards from the sea as if from a waterspout.

Nearchus' sea-journey from the Indus to the mouth of the Euphrates revealed a vast new southern maritime world to the Hellenistic Greeks. In the 3rd and 2nd centuries BC, the Persian Gulf was administered by a Seleucid royal governor of 'Tylos [Bahrain] and the Islands', based at a remote Greek colonial outpost at Qalat al-Bahrain; the Seleucid monarchs enjoyed a profitable trading relationship with the great caravan city of Gerrha (modern Thaj) in the east Arabian desert. But there is little sign that the Seleucids extended their reach beyond the Oman peninsula. The opening up of the Indian Ocean was the result of a single chance encounter 200 years after Nearchus' pioneering voyage.

Around 120 BC, late in the reign of Ptolemy VIII *Physkon* ('Fatso'), a man by the name of Eudoxus arrived in Egypt. Eudoxus was an ambassador for his home city of Cyzicus in north-west Turkey, and had been dispatched to Alexandria to announce the imminent celebration of a major international festival at Cyzicus. The Greek historian Posidonius takes up the story:

> Eudoxus fell in with the king and his court, and accompanied them on journeys up the Nile, being as he was a man naturally curious about strange places, and already widely travelled. It happened that a certain Indian was brought to the king by the garrison of the Red Sea, who said that they had found him alone, shipwrecked and half-dead; who he was, and where he came from, they did not know, since they did not understand his language. The king handed him over to people to teach him Greek, and once he had learned the language, he explained that he had lost his way while sailing from India. All his shipmates had died of hunger, and he alone had reached Egypt safely. He was taken at his word, and he promised to guide a crew chosen by the king on the sea-route to India. Eudoxus was one of the men selected.

What this anonymous Indian brought to the Hellenistic world was knowledge of the monsoon winds. Every year, from March to September, the south-west monsoon blows steadily from Somalia to India; in winter, the winds change direction, and a sailing boat can travel directly across the open ocean from the sub-continent to the mouth of the Red Sea. Eudoxus and his crew were the first Greeks to sail to India by this route; a year later he returned to Egypt with a boat groaning with perfumes and precious stones. A couple of years later, in 116 or 115 BC, Eudoxus set out a second time for India, this time with a larger expedition. On his return journey, the winds blew him off course, and he made landfall south of the Horn of Africa, somewhere on the Somali coast:

> Driven ashore at this remote place, Eudoxus won over the locals by giving them bread, wine, and dried figs, things that they had never come across before; in return they gave him fresh water and the

> services of their pilots. He compiled a list of some of the local words. Here, too, he came across the wooden prow of a wrecked ship, with a horse carved on it. He learned that this was the shipwreck of some sailors who had come from the west, and he took the prow with him when he set sail for home.

This, so far as we know, was the last voyage undertaken by Eudoxus across the Indian Ocean. The trading route that he discovered was richly exploited by the later Ptolemies, and subsequently by the Romans: Roman coins have been found in vast numbers in southern India and Sri Lanka, and Roman ports on the Red Sea received huge cargoes of Indian pepper, ivory, spices, and luxury fabrics. Eudoxus himself seems to have been haunted by the carved wooden horse on the prow from the Somali coast. The sea-captains of Alexandria recognized the horse-prow as coming from one of the small fishing-boats of Gadeira (modern Cadiz, west of Gibraltar), which plied their trade up and down the Atlantic seaboard. Eudoxus believed—rightly or wrongly—that one of these boats had wandered too far south, and ended up making its way round the Cape of Good Hope to Somalia.

In the end, Eudoxus sold all his possessions to raise the money for an expedition down the West African coast. At his first attempt, he sailed south beyond the Canary Islands (which he sighted, but did not explore), 'until he met with people who spoke some of the same words as he had noted down previously'. It is hard to believe that the natives of—let us say—Mauretania really spoke the same language as the inhabitants of ancient Somalia, but this was enough to convince Eudoxus that a West African passage to India was feasible. Perhaps around 100 BC, he set out with two fine ships on a second journey towards the Cape, carrying on board agricultural tools, seeds, and carpenters, in case they needed to pass the winter in the Canaries or still more distant African lands. He was never heard of again.

North: Protogenes and Saitaphernes

In the 6th century BC, traders from the Ionian Greek city of Miletus founded a small trading post called Olbia at the mouth of the modern River Bug (ancient Hypanis), 50 miles east of Odessa on the northern Black Sea coast. Olbia rapidly grew into one of the most prosperous Greek settlements in the Black Sea, enjoying a flourishing trade in furs, slaves, and livestock with the various steppe peoples to the north, known to the Greeks as 'Scythians'. We cannot trace the history of relations between the Olbian Greeks and the Scythians in any detail, although the spectacular 'Graeco-Scythian' metalwork found in 4th-century Scythian tombs across Ukraine shows the intense and fertile cultural interchange between the two peoples. Herodotus preserves a bizarre story about the Scythian king Scyles, a steppe chieftain of the mid-5th century BC. Scyles is said to have owned a spacious house in Olbia, surrounded by statues of sphinxes and griffins, which he used to visit for the occasional holiday *à la grecque*, dressing in Greek clothes and worshipping the Greek gods of Olbia like any ordinary citizen; after a few weeks, he would resume his normal Scythian dress, and return to his kingdom in the steppe.

A welcome shaft of light is shed on Graeco-Scythian relations by a long Hellenistic inscription from Olbia, dating to the years around 200 BC. This text is a decree in honour of a wealthy civic benefactor by the name of Protogenes, who repeatedly bailed his city out with cash gifts and loans in the face of a rolling series of crises (grain-shortages, spiralling private and public debt, short-term liquidity shortfalls). The gradual emergence across the Greek world of figures like Protogenes—what we might call 'career benefactors', super-rich individuals who acted as financial guardians of their fellow-citizens in return for lavish public honours—is a key feature of the later Hellenistic period, which we will return to in Chapter 6.

What is distinctive about the situation at Olbia (and presumably the whole northern Black Sea region) is the steady financial pressure exercised by the neighbouring Scythians of the steppe, and in particular by a tribe known as the Saioi. The Saioi were divided into several different minor chiefdoms, ruled over by men called *skēptouchoi*, 'sceptre-bearers'; the most important chieftain, perhaps a kind of overall tribal king, was a certain Saitaphernes. Saitaphernes and other Scythian dynasts would periodically come downstream along the Hypanis river to the borders of Olbian territory, and request 'gifts' from the people of Olbia. These 'gifts' conventionally took the form of large bags full of gold coins: on more than one occasion, the Olbians found themselves unable to summon up the necessary cash, and called on Protogenes to help out:

> When King Saitaphernes arrived at Kankytos and demanded the gifts due for his passage, and the public treasury was exhausted, Protogenes was called upon by the people and gave 400 gold pieces...[Some time later], when the Saioi came by to receive their gifts, the people were unable to satisfy them, and called on Protogenes to help out in this crisis; he came forward and promised 400 gold pieces. When he was elected as one of the city's Nine magistrates, he lent 1,500 gold pieces to be repaid from the city's future revenues, out of which several *skēptouchoi* were placated in good time, and several gifts were gainfully provided to the King.

It would be quite wrong to think of these payments from Olbia to the Saioi as simple extortion, or (more generously) as a semi-formal 'Scythian tribute'. In fact, 'gift' is precisely the right word for these occasional exchanges. For the Saioi, receiving periodic ritualized gifts from the Olbians was an indication of mutual respect and goodwill: regular gift-exchange symbolized and confirmed the ongoing friendship between the two parties. As a result, Saitaphernes seems to have placed a far higher premium than the Olbians did on the correct performance of the regular 'gift-giving' ceremony. On one occasion, the relationship between

Saitaphernes and Olbia seems to have broken down altogether, as a result of some mortal offence inadvertently committed in the transfer of gifts:

> When King Saitaphernes arrived on the far side of the river to receive his gifts, the magistrates called an assembly, reported on the king's arrival, and said that the city's revenues were exhausted; Protogenes came forward and gave 900 gold pieces. But when the ambassadors, Protogenes and Aristocrates, took the money and met with the king, the king rejected the gifts, flew into a rage, and broke up his camp...

The nature of the insult is somewhat unclear; indeed, the Olbians themselves may not have understood exactly what they had done wrong.

The second half of the decree in honour of Protogenes describes a very different, and far more perilous state of affairs. As a result of Olbia's good relationships with Saitaphernes and the Saioi, the city was partially unwalled, and those stretches of fortification that did exist had been left to fall into ruins. But rumours began to trickle in that a new threat was looming from the steppe:

> Deserters started bringing in reports that the Galatians and the Skiroi had made an alliance, that a large force had been gathered, and that it would be here when winter came. They also reported that the Thisarnatai, Scythians and Sauadaratai were eager to seize the fort (i.e. the city of Olbia), since they too were similarly frightened of the savagery of the Galatians. Because of this, many people fell into despair, and started preparing to abandon the city. At the same time, the city also suffered many losses in its rural territory: the entire slave population had taken to its heels, as had the half-Greeks who inhabit the land beyond the hills, no fewer than 1,500 in number, who had fought as our allies in the city during the previous war; many of the resident foreigners had also fled, as had no small number of the citizens.

The migration eastwards of a band of Galatian Celts from the lower Danube basin has violently upset the equilibrium between Greek Olbia and its Scythian neighbours. The nearby Scythian tribes are now, we are told, planning on seizing Olbia themselves, in order to have a fortified base against the imminent Galatian invasion. The decree goes on to describe how Protogenes put up the money for a rapid repair-job on the wall-circuit. We do not know what actually happened that baleful winter at Olbia; the fact that the decree for Protogenes survives at all may indicate that the defence of the city, both against the Galatians and against the Olbians' former Scythian allies, was successful.

Finally, we would love to know more about the mysterious 'half-Greeks' (*mixellēnes*) living in the hinterland of Olbia. That the territory of Olbia was partly worked by a rural slave population comes as little surprise: the same was true of many, if not most, Greek cities of the Hellenistic world. It is far more interesting to find a group defined by their mixed racial origin, who appear to live in a distinct part of Olbian territory ('the land beyond the hills'). Clearly these rural 'half-Greeks' were not citizens of Olbia, and their loyalty to the Olbians was intermittent at best. Whether the Olbians had their own formal Nuremberg Laws, we cannot say; at the very least, on this particular fringe of the Hellenistic world, 'real' Greeks were especially keen to distinguish themselves from half-Scythian *Mischlinge*.

West: the Villa of the Papyri

Among the sites on the Bay of Naples buried under volcanic material by the eruption of Mount Vesuvius in AD 79 was a large private house, overlooking the seashore on the north-west outskirts of the Roman town of Herculaneum. Partially excavated in the 1750s and 1760s, the house quickly became famous for its superb collection of bronze and marble sculptures (some eighty-five pieces in total, now on display in the Naples Archaeological Museum), and, above all, for more than 1,000 carbonized papyrus-rolls, most of them discovered in a small 'library' in the main house.

The house—conventionally known as the Villa of the Papyri—seems to have been built shortly after 50 BC (see Figure 13). It was a huge, sprawling structure, around 250 × 80 metres (20,000m^2). The main house consisted of a sumptuous complex of rooms on several levels, grouped around an atrium; a long formal garden, enclosed by colonnades on all four sides ('peristyle'), extended north-west from the main residence. The house's owner clearly belonged to the uppermost crust of Roman society. It is, then, a surprise to find that almost all of the papyrus-rolls unearthed in the Villa were in Greek rather than Latin. Most of the papyri contain highly specialized works of Epicurean philosophy, dominated by the writings of a minor Epicurean thinker by the name of Philodemus of Gadara (*c.*110–40 BC). Indeed, the collection looks very much like it might have been Philodemus' own personal library, no doubt bequeathed to the owner of the Villa of the Papyri on his death. Many of Philodemus' works were dedicated to his wealthy Roman patron, a nobleman called Lucius Calpurnius Piso Caesonianus, father-in-law to Julius Caesar. It is a reasonable guess—though no more than that—that the Villa of the Papyri served as the country home of the family of the Calpurnii Pisones.

Of all the various encounters between Greeks and non-Greeks in the Hellenistic world, none was more fertile (and complex) than the love-affair between Roman Italy and the Greek East in the 2nd and 1st centuries BC. Greeks and Italians had been in contact with one another for a long time. Since the 8th century BC, southern Italy and Sicily had been dotted with Greek colonies; Naples itself (ancient Neapolis), a mere 6 miles north-west of Herculaneum, was a Greek settlement dating back to the 6th century. It is hardly surprising that the private houses of Late Republican Herculaneum or Pompeii should show signs of Greek influence. But the 'Hellenization' of the non-Greek parts of Italy

13. Modern reconstruction of the Villa of the Papyri.

(Rome included) does seem to have accelerated sharply after Rome's first conquests in the Hellenistic East from the 220s onwards. Second-century Italy was flooded with war-booty from the Greek East (sculptures, paintings, metalwork). The first marble building in the city of Rome, the temple of Jupiter Stator in the Campus Martius, was dedicated by the Roman general Q. Caecilius Metellus to commemorate his victory over the Macedonian pretender Andriskos in 148 BC; it is telling—and perhaps a shade ironic—that Metellus chose to have it designed by a Greek architect.

For the Roman aristocratic elite, the adoption of Greek material culture became a symbol of their membership of the 'conquering class'. The Villa of the Papyri is one of our best examples of this ostentatiously Hellenized elite culture in Late Republican Italy. The physical form of the house was designed to evoke the public architecture of contemporary Greek cities. The huge peristyle garden imitates the colonnaded courtyards of Greek gymnasia, the chief educational and leisure establishments of Hellenistic cities in the East. Roman aristocrats went so far as to name parts of their houses after Greek public buildings: Cicero referred to the peristyle garden of his villa at Tusculum as his 'gymnasium', 'palaestra', or even 'Academy' (after Plato's Academy at Athens). If, as some historians suspect, Philodemus in fact spent his final years living at the Villa of the Papyri, then the mock-gymnasium attached to the villa would even have had its own resident Greek philosopher ambling through its elegant porticos.

The sculptural décor of the Villa of the Papyri gives a vivid picture of the cultural aspirations of the Late Republican Roman elite. Almost all of the sculptures are reproductions of earlier Greek statues or portrait busts, depicting Greek gods and goddesses, philosophers, Hellenistic kings, and athletes. Several of the smaller rooms in the house were decorated with miniature 'table-top' bronze portrait busts of Greek philosophers, with members of the Epicurean school particularly well-represented.

Copies of famous Greek masterpieces included a life-size bronze reproduction of the head of Polycleitus' *Doryphorus* and a striding Panathenaic Athena in marble. An over-life-size statue of the 4th-century Athenian orator Aeschines stood overlooking the peristyle garden, which was also dotted with marble portrait busts of early Hellenistic kings and dynasts (Demetrius Poliorcetes, Philetaerus of Pergamon, Pyrrhus of Epirus, and others).

Much ingenuity has been dedicated to analysing the sculptural 'programme' of the Villa of the Papyri. Was the owner of the villa drawing symbolic analogies between his own political career and the lives of famous Greek orators and Hellenistic kings (rhetorical success, enlightened statesmanship, military virtue)? Are the various portrait busts meant to evoke the double life of the Roman aristocrat—a public life of oratory, politics, and war, and a private existence dedicated to philosophy and civilized leisure? Perhaps; but this may be reading too much into what is, in truth, a pretty miscellaneous selection. We have a revealing sequence of letters sent by Cicero to his friend Atticus (then resident at Athens), asking him, in essence, to pick up any old bits of Greek sculpture he can find at a good price, in order to decorate the public spaces of Cicero's own villa at Tusculum. Even a highly civilized Roman like Cicero was not too fussed about the details of his garden furniture, so long as the whole collection gave off a general aura of Hellenic sophistication. And it is worth recalling that the Villa of the Papyri did also include sculptures on somewhat less elevated themes. In the most prominent spot of all, at the far end of the peristyle from the main house, stood an explicit (and technically superb) marble sculpture of a satyr raping a she-goat—presumably no symbolic analogies here.

Either way, the Villa of the Papyri is a symbol of a way of life that is simply unimaginable anywhere east of the Adriatic. Private patronage of intellectuals, of the kind that we can infer for Calpurnius Piso and Philodemus, was unknown in the Hellenistic Greek world; not even a Macedonian king would have been so boorish as to purchase a philosopher as his own personal status-symbol. For all the Romans' sententious moralizing about Hellenic luxury, there are no private houses (and not many royal palaces) on the scale of the Villa of the Papyri anywhere in the Hellenistic East. The very idea of a private collection of Greek art—bronze and marble ersatz sculptures in a mish-mash of styles, based on originals dating from the 6th down to the 2nd century BC—has no real Hellenistic parallels. To a Greek of the 2nd or 1st century BC, the Romans, despite all their enthusiasm for Epicurean philosophy, must have seemed quite as strange and unfamiliar as any Bactrian or Scythian nomad.

Chapter 6
Priene

On the north flank of the Maeander river valley in western Asia Minor, overlooking the flood plain, looms the great rock of Teloneia. Projecting outwards from the Mycale mountain range, Teloneia is a tremendous natural stronghold, protected by steep cliffs to the south and west. At the foot of the rock, just above the Maeander plain, the ground levels off into a descending series of natural terraces, between 130 and 30 metres above the valley floor. Here, in the mid-4th century BC, was founded the small Greek city of Priene.

Today, Priene lies some 7 miles inland. It was not always so. The Maeander river was famous in antiquity for the vast quantities of silt carried downstream by the river, causing its delta-front to advance westwards faster than any other watercourse in the Mediterranean. Before the 4th century, the Prieneans lived somewhere further up the valley, perhaps near modern Söke, before their access to the sea was choked off by the advancing alluvium of the Maeander delta. Around 350 BC, the Prieneans packed up their possessions and moved 5 or 10 miles south-west to Teloneia, chasing the delta-front downstream. The new city flourished for 250 years or so, before the remorseless forward march of the Maeander alluvium sealed their harbours once again.

As a result, the site of Priene is perhaps our most perfectly preserved example of an ordinary small Hellenistic town. The town was laid out on a green-field site at the very beginning of the Hellenistic period; in the late 2nd century BC, large parts of the town were devastated by fire and never rebuilt, and few significant building works were undertaken after this period. Although Priene continued to be inhabited through the Roman and Byzantine periods, the population seems to have been small, and the physical fabric of the city changed little. Of the 397 known Greek inscriptions from Priene, only sixty-three (16 per cent) can be firmly dated after 50 BC, and most of those sixty-three are short graffiti; of the 200 or so inscribed public documents (civic decrees, honorific statue-bases, letters from Hellenistic kings), only two or three postdate the reign of Augustus. Priene's life as a functioning *polis* largely stopped in the 1st century BC, leaving us with an exceptionally clear and vivid picture of the Hellenistic city: a true Pompeii of the Hellenistic world.

Planning the city

The town-planners of Priene set to work with geometric precision. The land available for building at the foot of Teloneia was an irregular space of around 15 hectares (37 acres), rising steeply upwards to the north. This space was divided into a rectangular grid-plan, based on precisely regular city-blocks (120 by 160 feet in the local unit of measurement). Most of these blocks were taken up by private housing, usually eight houses per city-block, also of a strictly uniform size (207 m^2). The city contained around 480 housing units in total, suggesting that the total urban population could have reached 5,000 at the absolute maximum (assuming an upper limit of ten people per household). The rigorous application of this grid-plan on the steeply sloping site meant that many of the streets, particularly those running north-south, had to take the form of stairways, as in modern San Francisco. The main public buildings of the new city were slotted into the grid-plan: the theatre occupies precisely one-and-a-half

14. The city of Priene.

city-blocks, and the central sanctuary of Athena sprawls over a full three blocks (see Figure 14).

It is hard to say how much we ought to read into the 'egalitarian' planning of Priene's private housing. At one extreme, we could see early Hellenistic Priene as governed by a strong democratic ideology, with its uniform house-sizes reflecting the absolute equality between the *polis*' citizens. In support of this notion, at least some of the 4th-century rural territory of Priene was divided up into agricultural plots of uniform size (50 *schoinoi*, around 5 hectares or 12 acres), suggesting that Prienean citizens might have enjoyed precisely equal shares of both the city's urban and rural space. However, some caution is in order. Uniform housing is found in several Greek cities of the 5th and 4th centuries BC, some of which were certainly governed as oligarchies: the layout of Priene would probably not have struck a 4th-century Greek visitor as distinctively 'democratic'. Many of the citizens of Priene—perhaps the majority—did not live in the city itself, but in the surrounding countryside. That there were no really big houses in the new urban centre might only mean that the rich chose to reside elsewhere. And we should remember that Prienean 'democracy' did not extend to the large serf-like population of non-Greeks living on the city's territory and working its land. The wealth of Priene was built on the backs of a severely oppressed mass of rural 'Plain-dwellers' (*Pedieis*), the native Carian villagers of south-western Asia Minor, who from time to time rose up in revolt against their Greek masters.

That said, early Hellenistic Priene does give the impression of a prosperous, tight-knit community, with a strong citizen-ethos. The public spaces of the new city were designed with a restrained elegance, and no expense was spared in adorning the major roads and stairways through the town with walls of finely worked blue-grey marble (see Figure 15). Small though it was, the citizen-body of Priene could pull together in impressive fashion at times of crisis. In the mid-270s BC, the territory of Priene was ravaged by a band of Galatian Celts, who had crossed into Asia in 278 BC and spent several years pillaging the rich coastal valleys of western Asia Minor. The city's rural sanctuaries were sacked, the farmhouses in the Maeander plain set on fire, and many of the Greeks living on Prienean territory were put to the sword or taken prisoner. At this point, as we learn from a long honorific decree for a citizen by the name of Sotas, the Prieneans cobbled together a scratch citizen militia to fight the Galatians:

> The *dēmos* of the Prieneans prepared for battle to defend itself against the barbarians who were committing sacrilege against the gods and outrages against the Greeks, sending out paid citizen infantry and [. . .] horse-breeders, and marched against them in full

15. A road-stairway in Priene, with the terrace-wall of the sanctuary of Athena on the right.

> force; and Sotas gathered around him the bravest of the citizens, along with those of the (non-Greek) rural people who were willing to join in the struggle against the barbarians, and having resolved to rescue the citizens living in the countryside along with their children, wives and possessions, and to bring them safely into the city, he seized the most strategic points in the territory [...] along with his comrades, and rescued many of the citizens who had been taken captive by the Galatians [...], having dared to stand up to their savagery.

The Prieneans were fully able to stand up for themselves in battle. Still, it is worth noting that they could not count on the loyalty of the non-Greek 'Plain-dwellers', only some of whom were willing to join the struggle against the Galatians. Sotas' commando unit was concerned only with the safety of the citizens living in the countryside; the rest of the rural population was left to look after itself. Perhaps most interesting of all is the existence of a distinct class of 'horse-breeders' at Priene, who acted as the city's cavalry in times of war. For all of its egalitarian citizen ethos, Priene clearly still had some kind of blue-blooded aristocracy, which defined itself—as Greek elites had done since time immemorial—by horse-rearing.

Priene and the kings

The rich coastal valleys of western Asia Minor, densely settled and easy to tax, were a tempting prize for any Hellenistic king or dynast. During the first century after Alexander's death, Priene had to deal with a rapidly changing succession of Macedonian overlords: Antigonus the One-Eyed, Lysimachus of Thrace, and a sequence of warring Ptolemaic and Seleucid kings (whose struggle over south-western Asia Minor spanned the entire 3rd century BC). The Prieneans had to tread carefully, making lavish demonstrations of loyalty to the current power-holder in Asia Minor, while maintaining diplomatic relations with his possible rivals. Fortunately for us, the city recorded its most important dealings with Hellenistic kings (and, later, with the Roman senate) in a kind of monumental public archive, inscribed on the north *anta*-wall of the temple of Athena Polias. The temple was first excavated by the British Society of Dilettanti in 1868/9, and hence much of this invaluable Prienean 'archive wall' is now on display in the British Museum.

The first text to be inscribed on the temple wall was a curt two-line statement: 'King Alexander dedicated the temple to Athena Polias'. We do not know whether Alexander the Great actually visited Priene during his march through western Asia Minor in 334 BC. (In fact, we do not know whether the new city of Priene existed at all at that point: most likely it was a half-finished building site.) But Alexander was eager to be seen as a liberator to the Greek cities of western Asia Minor from Persian tyranny, and he may well have offered to pay some or all of the costs of the temple in return for having his name prominently displayed at the building's entrance.

Below this two-line dedication the Prieneans inscribed a long extract from an edict of Alexander concerning the city's legal and fiscal status under its new Macedonian rulers. The Prieneans are to be exempt from the *syntaxis* (apparently a kind of military tax payable to the king) and are to enjoy autonomy and freedom, as are all the Greek inhabitants of the city's dependent harbour-town of Naulochon. The city's tax-free territory is defined as a stretch of land lying 'between the sea and the hill of Sandeis'; villages lying outside this zone are to be Alexander's personal possession, and are to pay tribute to him just as they had previously done to the Persian Great King.

Although this edict apparently dates to 334 BC, the Prieneans only got around to inscribing it on their archive wall some fifty years later, in the mid-280s. Why the delay? Most probably Priene's status as a privileged Greek community within the Macedonian Orient, enjoying 'autonomy and freedom' and certain important tax-breaks, had been threatened by one of the successor dynasts (probably Lysimachus). Luckily for the Prieneans, they were able to point to an edict written by the great Alexander himself, guaranteeing their special fiscal status. By the early 3rd century BC, Alexander's decisions on matters like this had acquired the status of law—or at least, a Hellenistic king like Lysimachus could not be seen to be reversing Alexander's original policies towards the city.

In fact, Lysimachus had good reason to view Priene with favour. In 287 BC, Demetrius the Besieger invaded Lysimachus' domains in south-western Asia Minor (Chapter 3), and won over to his cause (among others) the city of Magnesia, Priene's immediate neighbour to the east. The non-Greek serf population of the Maeander plain came over to Demetrius' side, and Priene's territory was ravaged by a coalition of Demetrius' troops, the

Magnesians, and the rebel Plain-dwellers. The Prieneans sensibly remained loyal to Lysimachus. A few months later, Demetrius was defeated by Lysimachus' royal army, and the Prieneans were rewarded with a renewal of their favoured status (duly recorded on their archive wall). Priene expressed its gratitude to Lysimachus in what was by now the traditional manner, erecting a colossal bronze statue of the king and establishing a cult in his honour, with annual sacrifices on the king's birthday.

A few years later, the geopolitical context changed again. In spring 281 BC, Lysimachus was defeated and killed by Seleucus I at the battle of Corupedium. The Prieneans promptly set up statues of their new masters, Seleucus and his son Antiochus, in the sanctuary of Athena Polias, probably with an associated ruler-cult; no doubt the existing statue of Lysimachus was quietly retired (no trace of it survives). A Seleucid officer by the name of Larichus then appeared on the scene. Some time in the mid-270s, the Seleucid king Antiochus I granted Larichus a large private estate on the borders of Prienean territory, worked by slaves rather than serfs. The Prieneans scrambled to win over this powerful new neighbour to their side. They first voted to set up a bronze statue of him in the sanctuary of Athena next to the images of Seleucus and Antiochus, then promptly changed their minds and decided to honour him in an even more visible manner in the main market-place of Priene:

> Instead of the statue previously voted for him, let a bronze equestrian statue of Larichus be erected in the *agora*, and let Larichus enjoy tax-free status for both his livestock and his slaves, as many as he possesses both on his private estates and in the city, so that the *dēmos* should be seen to be repaying Larichus with gratitude worthy of his benefactions.

Precisely what Larichus' benefactions might have been, we cannot say; it is perhaps most likely that he had interceded with the Seleucid king on the Prieneans' behalf. Nor is it clear why the

Prieneans decided to honour Larichus with a statue in the *agora* rather than the sanctuary of Athena: perhaps his enormous equestrian statue would have been felt to overshadow the existing statues of the Seleucid kings in the sanctuary. At any rate, the new bronze image of Larichus on horseback must have been one of the most prominent landmarks of mid-3rd century Priene—a potent symbol of the Prieneans' dependence on the goodwill of the Hellenistic kings and their agents.

In the 2nd century BC the Prieneans continued to solicit the help and support of Hellenistic monarchs with mixed success. A member of the Ariarathid royal dynasty of Cappadocia, one Orophernes, seems to have grown up in exile at Priene. After his seizure of the Cappadocian throne from his half-brother Ariarathes V in 158 BC, Orophernes sent a vast sum of money (400 talents of silver) for safe-keeping in the city. When Orophernes was overthrown the following year, the furious Ariarathes V demanded the money back from the Prieneans, and on their refusal, sent an army to devastate the city's territory. The Prieneans appealed to the Roman senate (their response was duly inscribed on the archive wall of the temple of Athena Polias), and the money eventually made its way back into the hands of Orophernes, now an exile from his kingdom in Seleucid Syria. The Prieneans managed to rebuild their relations with the Cappadocian royal house: we later find them exchanging friendly embassies with King Ariarathes VI (reigned *c.*130–111 BC), and a vast new stoa on the north side of the Prienean *agora* (the 'Sacred Stoa', constructed around 130 BC) was paid for with Cappadocian royal funds.

The story of Orophernes and Priene has a curious coda. In April 1870, Mr Augustus Oakley Clarke, expatriate manager of the liquorice factory at the nearby Turkish town of Söke, took a day-trip to Priene with his wife and niece. While Clarke was strolling among the ruins of the temple of Athena Polias, near the base of the main cult statue of Athena:

> By chance I found at my feet a coin covered with dirt. I washed it, and found it to be silver, and read the name Orophernes. I then went in search of my wife and niece, who were in the treasury, to inform them of my good luck, and again returned to the base of Athena's pedestal, when the idea struck me that something more might be found under the four intact stones [of the statue-base], so I employed two Greek masons who were working amongst the ruins, trimming stones for graveyards. With the aid of three crowbars, we moved the first stone, and found under it a silver coin similar to the one previously picked up; under the second stone we found another coin similar to the previous two. I then called my wife and niece to assist me in my discovery. On their coming up, we removed the third stone, and found a part of a ring—say a garnet set in gold, and some crumbs of gold; under the fourth stone we found a gold olive leaf, a terra-cotta seal, and some crumbs of gold. We searched amongst the rubbish for more, but without success, so went to lunch.

Clarke eventually ended up with a haul of six tetradrachms (silver coins worth four drachms) of Orophernes, as fresh as the day they were struck, which had lain undisturbed under the base of the statue of Athena for a little over 2,000 years. (He later presented the finest of the coins—illustrated here, Figure 16—to the British

16. Tetradrachm of Orophernes, discovered by A. C. Clarke in 1870.

Museum.) This extraordinary find leaves us with a tantalizing puzzle. Did Orophernes perhaps pay for a new cult-statue of Athena, and inter a handful of his own coins as a kind of 'ritual deposit' in the earth beneath the base of the new statue? Or might the Prieneans have surreptitiously creamed off a few coins from Orophernes' 400 talents, and squirrelled them away in a safe place for a rainy day?

Life in the city

For the Greek cities of Asia Minor, the 'Classical' period of the 5th and 4th centuries BC had meant political subjection to Achaemenid Persia or imperial Athens; the coming of Roman rule after 133 BC brought crippling levels of taxation and the rapid hollowing-out of civic institutions. By comparison, the Hellenistic period was something of a golden age for the Greeks of Asia Minor. Some historians have dismissed the 'autonomy and freedom' bestowed by Hellenistic kings on cities such as Priene as little more than empty slogans, designed to paper over the reality of Macedonian domination. At least in the case of Priene, this is quite wrong. The kings did not interfere with Priene's internal affairs. The Prieneans struck their own silver and bronze coinage, and the city's democratic assembly passed decrees and had them inscribed on stone with impressive assiduity. So far as we know, the Prieneans paid no tax or tribute to any Hellenistic monarch, and even in foreign policy they retained a large measure of independence (the city fought several significant wars with its neighbours in the 3rd and 2nd centuries BC).

Hellenistic Priene was governed as a democracy, with an assembly of all adult male citizens—the *dēmos* or 'people'—acting as the supreme decision-making body. Specialized boards of officials (grain-commissioners, guardians of law, religious officials) were appointed by the assembly, usually for a year at a time, and were accountable to the people for their actions and expenditure. In practice, most of these offices would always have been filled by the wealthiest citizens of Priene: indeed, certain religious offices, such as the priesthoods of Dionysus Phleus, the Phrygian Mother, and of Poseidon Heliconius, were openly sold for life to the highest bidder.

It is hard to say how often the democratic assembly actually met. Of the twenty-five surviving decrees of Hellenistic Priene which are dated by the month, no fewer than eighteen were passed at assembly meetings held in the month Metageitnion (August/September). In nine of those eighteen cases the day of the month is also specified, and the fifth day of Metageitnion turns out to have been particularly popular (five out of nine cases). In a couple of surviving decrees, this annual meeting in early Metageitnion is described as the 'election meeting' (*archairēsiai*), the meeting at which the civic magistrates for the following year were appointed. Clearly this summer 'election meeting' rattled through a lot of business—not just elections—at high speed; whether the assembly met regularly throughout the rest of the year is less obvious. Nor do we know how many citizens regularly attended the assembly at Priene. At the nearby cities of Magnesia on the Maeander and Colophon, where voting figures are occasionally recorded, the numbers of citizens voting in the assembly ranged between 2,113 and 4,678 (Magnesia, a slightly larger place than Priene) and 903 and 1,342 (Colophon, perhaps a little smaller).

Priene did not impose direct income taxes on its citizens. Instead, many of the city's expenses were met by the assignment of specific 'liturgies' (compulsory financial contributions) to individual wealthy Prieneans. When the Prieneans put the civic priesthood of Dionysus Phleus up for auction around 130 BC, one of the terms of sale was that the successful purchaser would be exempted from a whole series of civic liturgies (the organization of torch-races and athletic contests, the raising of horses, the funding of sacred embassies, the administration of the gymnasium), on condition that he paid more than 6,000 drachms for the priesthood.

The sons of Prienean citizens were divided into three age-classes, *paides* ('boys', aged between about twelve and eighteen), *ephēboi* ('adolescents', around eighteen to twenty) and *neoi* ('young men', around twenty to thirty). Members of all three age-classes were educated at the city's two lavish gymnasia, institutions dedicated to the physical, intellectual, and cultural training of Prienean youth. A series of honorific decrees of the early 1st century BC for a wealthy Prienean citizen called Zosimus gives us some sense of the education on offer at Priene. Zosimus personally presided over a set of oral examinations for the city's *paides*, donating splendid prizes for the students and their tutors (*paideutai*); for the older pupils, he provided:

> a punching-bag, knuckle-dusters, [...] boxing-gloves and weapons, and a professor (*grammatikos*) to preside over the literary education of the *ephēboi*, in the hope that the students should build up dauntless bodies through the former, and that through the latter their souls should be guided towards virtue and an understanding of human suffering.

The classroom of the *ephēboi* survives almost intact in the ruins of the city's lower gymnasium. The walls of the room are still covered in a forest of spidery graffiti, marking the places where generations of Prienean teenagers sat to be educated in virtue: 'Seat of Menander and Isigonus, the sons of Menander'; 'Seat of Autocrates, son of Autocrates, Hook-Nose'.

The hard military and physical training that Prienean youths received at the gymnasium—boxing, body-building, weapons-handling—had a practical function. For Priene, like other Hellenistic Greek *poleis*, was a city constantly primed for war. The settlement was ringed by formidable fortification walls, punctuated by two dozen guard-towers. Large stretches of these walls survive almost intact on the peak of Teloneia, the massive rock overlooking the city from the north (see Figure 17). A garrison was permanently stationed on the rock, made up of young men

17. The rock of Teloneia, seen from the sanctuary of Athena.

who had recently completed their gymnastic training. A long honorific decree for a garrison-commander named Helicon, dating to the late 3rd century BC, gives us a glimpse of this tough side of Prienean life:

> He dedicated the greatest care and enthusiasm to ensuring that the watch be conducted in a disciplined manner, making the daily rounds in person (first on his own, later along with his son) to see to the security of the guard-post; he was attentive to the members of his garrison, not least in making sure that all receive equal treatment, and that all the affairs of the rock be conducted smoothly and without disputes; and he acted throughout his term of office with honesty and justice, exhorting his men to guard the rock with the greatest care, bearing in mind that there is nothing more important for Greek men than freedom.

The decree for Helicon was voted not by the Prienean assembly, but by the young men of the garrison, who—remarkably—sent two of their number as 'ambassadors' to the town of Priene (as if to a foreign city) to ask that the honours for Helicon be inscribed on stone. The garrison clearly saw itself as a kind of city-within-the-city, with its own decision-making body and distinct military ethos.

We know much less about the intimate life of the Prienean household. Most private houses at Priene were laid out on a uniform plan, with a single unobtrusive street-entrance leading to a small interior courtyard. The courtyard generally had a modest open portico on the north side, acting as a sun-trap, with two living-rooms and a men's dining room ('*andrōn*') grouped around it. There appears to have been a rigid separation of male and female domestic space, with the women's quarters located on an upper floor above the portico. In the course of the Hellenistic period, some of the wealthier citizens of Priene became dissatisfied with these tidy little housing units, and knocked through the party walls into neighbouring houses to form larger composite dwellings. The biggest surviving house in Priene ('House 33', a stone's throw from the sanctuary of Athena) was created around 100 BC by combining two existing houses into a single sprawling complex, laid out around a lavish peristyle courtyard of a type unknown in early Hellenistic Priene. It is even conceivable that the house's owner was influenced by the great Italian dwellings of contemporary Roman aristocrats.

From Apellis to Moschion

The late Hellenistic redesign of House 33 fits neatly into a broader pattern of social change at Priene. Although early Hellenistic Priene was no egalitarian paradise, it was a place where private wealth was relatively unobtrusive. The physical fabric of the city, its government and civic institutions, and the language of Prienean public documents all reflected a collectivist citizen ideology. Since office-holders were expected to meet the expenses of their post from their own pockets, it was usually the richer citizens who were elected to the main civic offices. But these men were in no sense masters of their city. In the late 4th and 3rd centuries BC, when Priene honoured its wealthy citizens for their patriotism and lavish expenditure, they were honoured purely and solely in their capacity as elected office-holders. Here, for example, are the first few lines of a typical honorific decree of the late 4th century BC, for a wealthy Prienean called Apellis:

> Having been elected as Secretary (*grammateus*) by the *dēmos*, he has provided his services in a fair-minded and just manner to each of the citizens, in law-suits, in his custody and oversight of public documents, and in all his other duties to the city; and in legal disputes involving the entire city, he has continually proved to be capable and earnest, making it his first priority to be seen to be acting justly. And he has now come before the assembly and explained that he has held public office for twenty years in all, for fourteen of which he has performed the liturgy [compulsory public service] of Secretary to the generals at his own expense, and that he has absolved the *dēmos* from payment of the stipend set aside by law for the Secretary to the guardians of law and the office-holders, and that during this time he has been crowned on four occasions by the *dēmos*, and he now requests that he be released from the office of Secretary and permitted to retire from public affairs.

Apellis was obviously a very rich man. But his involvement in civic affairs was always and only as an elected holder of public office: we know from another document that he also acted as garrison-commander on Teloneia at some point during his career. The city conferred honours on him as an exemplary democratic official, not as a powerful local 'big man' or patron.

In the 2nd and 1st centuries BC, this changed. Here are the first few lines of a typical honorific decree of the late 2nd century BC, for a rich citizen called Moschion:

> Having shown himself to be a fine and good man from his earliest youth, living in piety towards the gods, and with devotion towards his parents, his household kinsmen and companions, and all the rest of the citizens, he has conducted himself towards his homeland in a spirit of justice and ambition, worthy of the virtue and fame of his ancestors. Throughout his entire life, he has received abundant proofs of the favour of the gods towards him, and of the goodwill of his fellow-citizens and the other residents of the city, arising from his most splendid deeds...

We are instantly transported into a very different political climate. Now a rich man is worthy of honour not just for his tenure of democratic offices, but for his hereditary 'virtue and fame', and his personal splendour in the eyes of the gods and his adoring fellow-citizens. As the account of Moschion's career unfolds—383 lines of it, all written in the same glutinous prose-style—it gradually becomes clear that he is no mere office-holder. Again and again, he offers cash loans and gifts to the city on his own account, provides cut-price grain from his estates in times of famine, and bestows lavish free banquets and distributions of wine and bread on the citizen body. When the money for a new gymnasium which had been promised by an unnamed Hellenistic king (probably Attalus III, reigned 138–133 BC) fails to arrive due to the extinction of the royal line, Moschion steps in and provides the funds himself.

It is hard to say whether Moschion was actually richer than Apellis (I suspect that he was), but he certainly occupied a completely different place in the civic life of Priene. As the French scholar Philippe Gauthier has put it, reflecting on the careers of Moschion and his contemporaries:

> The great benefactors [of the later Hellenistic period] are no longer just generals, ambassadors, or officials, who are appointed, instructed, and finally honoured for their actions by the people...At one and

> the same time the 'saviours' of their homeland at times of crisis, and its benefactors on a day-to-day basis, they come to look less and less like the political actors whom their communities honoured in the early Hellenistic period. They gradually start to become the 'patrons' of their city.

This change can be seen everywhere in the physical fabric of the city, not just in the emergence of big mansions like House 33. In the *agora* of Priene, the city's main public space, honorific statues for great civic benefactors sprouted like weeds along the main thoroughfare. At what must have been one of the busiest street-corners of Priene, where a broad flight of stairs leads up from the *agora* to the sanctuary of Athena, two statues of the same man (a certain Apollodorus) were erected right in front of the steps, forcing any Prienean entering or leaving the *agora* to skirt around their plinths. The back wall of the stoa on the north side of the *agora*—no doubt the most welcoming of all Prienean public spaces during the hot Mediterranean summer—was covered with endless inscriptions hymning the virtues of Moschion and men like him.

Perhaps most striking of all, we find the wives and daughters of the very rich starting to play a prominent role in public life. An inscription of the 1st century BC records the construction of an aqueduct and water-distribution system by a female benefactor (her name is not preserved), described as the first woman to hold the major Prienean civic office of 'wreath-bearer' (*stephanēphoros*). To our modern sensibilities, the holding of public office by a woman seems like a most welcome and enlightened development. But in the context of ancient Greek civic politics—traditionally the preserve of male citizens only—it in fact reflects the final capture of Prienean democracy by the city's aristocratic class. The dominance of the great benefactors was now so complete that even their female relatives could be parachuted into civic offices. By the 1st century BC, the civic institutions of Priene were entirely in the hands of a few noble families.

The later history of Priene is largely a blank. The population of the city seems already to have been in decline in the late 2nd century BC, when a fire swept through the whole western residential district; this part of the town was never subsequently rebuilt. The city's rich documentary record comes to an abrupt halt in the mid-1st century BC, and after a modest revival under Augustus (27 BC–AD 14), the town became a sleepy backwater in the Roman Imperial period.

In this book, we have seen something of the staggering variety and complexity of the Hellenistic civilization that emerged out of the conquests of Alexander of Macedon: a world blazing with light and life, from the frontier Greek settlements of central Asia to the luxurious villas of central Italy, and from the scientific powerhouse of Ptolemaic Alexandria to the bustling small towns of Asia Minor. No single town or city could possibly encapsulate the entire history of the Greek-speaking world in the three centuries from the death of Alexander to the accession of Augustus. This chapter could equally well have focussed on Hellenistic Athens, Jerusalem, Philadelphia in Egypt, or the Attalid capital of Pergamon in north-west Asia Minor, all of them at least as richly documented as Hellenistic Priene. But Priene is a fine enough vantage point from which to look out across the vast expanses of the Hellenistic world—that brief and wonderful moment in human history when, as William Tarn once remarked, the Greek language 'might take a man from Marseilles to India, from the Caspian to the Cataracts'.

Timeline

All dates are BC.

336	Death of Philip II of Macedon; accession of Alexander III ('the Great')
334	Macedonian invasion of Asia
332	Foundation of Alexandria
331	Battle of Gaugamela; defeat of Darius III of Persia
327–325	Alexander campaigns in India
323	Death of Alexander the Great; Lysimachus and Ptolemy satraps of Thrace and Egypt
320	Conference of Triparadeisus; Seleucus satrap of Babylon
317	Death of Philip III Arrhidaeus
310	Death of Alexander IV; end of Argead monarchy of Macedon
307	Capture of Athens by Demetrius the Besieger
306	Antigonus the One-Eyed and Demetrius the Besieger proclaimed as kings
305	Ptolemy I Soter proclaimed as king in Egypt
305–304	Siege of Rhodes by Demetrius the Besieger
301	Battle of Ipsus; death of Antigonus the One-Eyed
300–290	Clearchus of Soli visits Aï Khanoum
297	Death of Cassander in Macedon

294–288	Demetrius the Besieger rules in Macedon
282	Death of Ptolemy I Soter of Egypt
281	Battle of Corupedium; death of Lysimachus; death of Seleucus I Nicator
280–278	Galatian invasion of mainland Greece
280–275	Pyrrhus of Epirus campaigns in Italy and Sicily
276	Antigonus II Gonatas recovers Macedon
262	(?) Battle of Cos; Antigonid dominance in the Aegean
246	Death of Ptolemy II Philadelphus of Egypt; Ptolemy III Euergetes campaigns in Asia
245	Bactria revolts from Seleucids
238	(?) Attalus I of Pergamon proclaimed as king
220–216	Polybius' *symplokē*; Rome enters the Greek East
214–205	First Macedonian War
212–196	Antiochus III reconquers Iran and Asia Minor
201	Rome defeats Hannibal in Second Punic War
200–197	Second Macedonian War; Flamininus defeats Philip V at Kynoskephalai
196	Flamininus proclaims freedom of the Greeks at Corinth
190	Battle of Magnesia
188	Treaty of Apamea; Seleucids expelled from Asia Minor
188–133	Attalid rule in Asia Minor
171–168	Third Macedonian War
170–168	Campaigns of Antiochus IV in Egypt
168	Battle of Pydna; end of Antigonid monarchy
167–160	Maccabean revolt against Seleucids in Judaea
146	Achaean War; sack of Corinth; establishment of Roman province of Macedonia
145	(?) Sack of Aï Khanoum
144	Ptolemy VIII expels intellectuals from Egypt
133	Death of Attalus III; end of Attalid monarchy
129	Establishment of Roman province of Asia

120–115	Eudoxus' discovery of the sea-route to India
89–63	Mithradatic Wars between Rome and Mithradates VI of Pontus
64	End of Seleucid monarchy; establishment of Roman province of Syria
31	Battle of Actium
30	Death of Cleopatra VII; Roman conquest of Egypt

Further reading

Chapter 1: The idea of the Hellenistic

The travels of Clearchus of Soli were first reconstructed by the French scholar Louis Robert, the greatest modern historian of antiquity; Robert's 'De Delphes à l'Oxus: inscriptions grecques nouvelles de la Bactriane', *CRAI* (1968), 416–57, remains perhaps the single most inspiring article ever written on the Hellenistic Age. Johann Gustav Droysen's conception of the 'Hellenistic' is discussed by Arnaldo Momigliano, 'J. G. Droysen between Greeks and Jews', *History and Theory* 9/2 (1970), 139–53, reprinted in *A. D. Momigliano: Studies on Modern Scholarship* (Berkeley and Los Angeles: University of California Press, 1994), 147–61. The most accessible (and entertaining) narrative sources for the period are Plutarch's biographies of Hellenistic rulers, translated in the Oxford World's Classics series by Robin Waterfield, *Plutarch: Hellenistic Lives* (Oxford: Oxford University Press, 2016). The rich Egyptian papyrological documentation is brought to life by Naphtali Lewis, *Greeks in Ptolemaic Egypt* (Oxford: Clarendon Press, 1986). A good selection of Hellenistic inscriptions in translation can be found in Michel Austin's *The Hellenistic World from Alexander to the Roman Conquest*, second edition (Cambridge: Cambridge University Press, 2006). I provide an overview of the coinages of the Hellenistic world in my own *The Hellenistic World: Using Coins as Sources* (Cambridge: Cambridge University Press, 2015).

Chapter 2: From Alexander to Augustus

Frank Walbank's *The Hellenistic World* (London: Fontana, 1981; revised edition, 1992) is a reliable and readable guide to Hellenistic history, now supplemented by the essays collected in Andrew Erskine (ed.), *A Companion to the Hellenistic World* (Malden, MA: Blackwell, 2003). Graham Shipley's *The Greek World After Alexander, 323–30 BC* (London and New York: Routledge, 2000) is also recommended. The conquest of Asia by Alexander of Macedon (334–323 BC) comes to life in the hands of Pierre Briant, *Alexander the Great and his Empire: A Short Introduction* (Princeton: Princeton University Press, 2010). The most insightful treatment of Alexander's early successors is Mary Renault's novel *Funeral Games* (London: John Murray, 1981). The Seleucid kingdom is the subject of a fine recent monograph by Paul Kosmin, *The Land of the Elephant Kings* (Cambridge, MA: Harvard University Press, 2014), while the Ptolemaic dynasty of Egypt is best approached through Günther Hölbl, *A History of the Ptolemaic Empire* (London and New York: Routledge, 2001). The Adulis inscription of Ptolemy III is discussed in Glen Bowersock's *The Throne of Adulis* (Oxford: Oxford University Press, 2013). The poems of C. P. Cavafy—an excellent introduction to Hellenistic culture—are translated into English in the Oxford World's Classics series by Evangelos Sachperoglou, *C. P. Cavafy: The Collected Poems* (Oxford: Oxford University Press, 2008). The rise of Rome is unflinchingly narrated in the collected essays of Peter Derow, *Rome, Polybius, & the East* (Oxford: Oxford University Press, 2014).

Chapter 3: Demetrius the Besieger and Hellenistic kingship

The centrality of military conquest to Hellenistic royal ideology is emphasized by Michel Austin, 'Hellenistic Kings, War and the Economy', *Classical Quarterly* 36 (1986) 450–66. The classic analysis of Hellenistic royal images, in sculpture and on coins, is R. R. R. Smith, *Hellenistic Royal Portraits* (Oxford: Clarendon Press, 1988). For the Hellenistic king at war, consult Angelos Chaniotis, *War in the Hellenistic World* (Oxford: Blackwell, 2005). The most helpful starting point for Hellenistic ruler-worship is Simon Price's *Rituals and Power: The Roman Imperial Cult in Asia Minor* (Cambridge: Cambridge University Press, 1986). The inscription recording the establishment of a Seleucid ruler-cult at Aegae can be found in *Supplementum Epigraphicum Graecum* 59 (2009), 1406.

Chapter 4: Eratosthenes and the system of the world

General accounts of science and scholarship in Hellenistic Alexandria can be found in R. Pfeiffer, *History of Classical Scholarship from the*

Beginnings to the End of the Hellenistic Age (Oxford: Clarendon Press, 1968) and P. M. Fraser, *Ptolemaic Alexandria* (Oxford: Clarendon Press, 1972). The best short account of the Alexandrian Library is that of R. S. Bagnall, 'Alexandria: Library of Dreams', *Proceedings of the American Philosophical Society*, 146/4 (2002), 348–62. The surviving fragments of Eratosthenes' *Geography* are translated and discussed by D. Roller, *Eratosthenes' Geography* (Princeton and Oxford: Princeton University Press, 2009). J. P. Oleson (ed.), *The Oxford Handbook of Engineering and Technology in the Classical World* (Oxford: Oxford University Press, 2008) provides an excellent introduction to Greek and Roman technology, in which Hellenistic innovations play a major role; a selection of translated texts can be found in G. L. Irby-Massie and P. T. Keyser, *Greek Science of the Hellenistic Era: A Sourcebook* (London and New York: Routledge, 2003). R. Netz, *Ludic Proof: Greek Mathematics and the Alexandrian Aesthetic* (Cambridge: Cambridge University Press, 2009) is a lively study of the 'interface' between Hellenistic mathematics and poetry. Stoic and Epicurean philosophy receive a sympathetic hearing from M. C. Nussbaum, *The Therapy of Desire: Theory and Practice in Hellenistic Ethics* (Princeton: Princeton University Press, 1994).

Chapter 5: Encounters

There are good photographs of Aï Khanoum and its major artefacts in the British Museum exhibition catalogue *Afghanistan: Crossroads of the Ancient World* (London: British Museum Press, 2011); the best introduction to the history of the site is now Rachel Mairs, *The Hellenistic Far East* (Oakland, CA: University of California Press, 2014). Iromois' dedication to the Oxus can be found in Georges Rougemont, *Inscriptions grecques d'Iran et d'Asie centrale* (London: SOAS, 2012), 96 bis. The Greek historian Arrian describes Nearchus' exploration of the northern shores of the Indian Ocean in his *Indica*, translated in the Oxford World's Classics series by Martin Hammond, *Arrian: Alexander the Great, the Anabasis and the Indica* (Oxford: Oxford University Press, 2013). Posidonius' account of the travels of Eudoxus of Cyzicus is preserved in Strabo's *Geography* (2.3.4), translated for the Loeb Classical Library by H. L. Jones, *Strabo: Geography, Books 1–2* (Cambridge, MA: Harvard University Press, 1917). The decree for Protogenes of Olbia is translated by Michel Austin, *The Hellenistic World from Alexander to the Roman Conquest*, second edition (Cambridge: Cambridge University Press, 2006), no. 115. For the Villa of the Papyri, see Carol C. Mattusch, *The Villa dei Papiri at Herculaneum: Life and Afterlife of a Sculpture Collection* (Los Angeles: The J. Paul Getty Museum, 2005), and David Sider, *The Library of the Villa dei Papiri at Herculaneum* (Los Angeles: The J. Paul Getty Museum, 2005).

Chapter 6: Priene

The best short introduction to Priene in English is Frank Rumscheid's well-illustrated guidebook, *Priene: A Guide to the 'Pompeii of Asia Minor'* (Istanbul: Ege Yayınları, 1998). The wider geographic context of the city's history is sketched in my own *The Maeander Valley: A Historical Geography from Antiquity to Byzantium* (Cambridge: Cambridge University Press, 2011). All of the Greek inscriptions discussed in this chapter are published with German translations in W. Blümel and R. Merkelbach, *Die Inschriften von Priene* (Bonn: Habelt, 2014); the decrees honouring Sotas and conferring ruler-cult on Lysimachus are translated into English by Stanley M. Burstein, *The Hellenistic Age from the Battle of Ipsos to the Death of Cleopatra VII* (Cambridge: Cambridge University Press, 1985), nos. 10 and 17. Alexander's edict to Priene is discussed by Susan Sherwin-White, 'Ancient Archives: The Edict of Alexander to Priene, a Reappraisal,' *JHS* 105 (1985), 69–89, and in my own 'Alexander, Priene, and Naulochon', in P. Martzavou and N. Papazarkadas (eds), *Epigraphical Approaches to the Post-Classical Polis* (Oxford: Oxford University Press, 2013), 23–36. Clarke's day-trip to Priene in 1870 is recounted by C. T. Newton, 'On an Inedited Tetradrachm of Orophernes II', *Numismatic Chronicle* n.s. xi (1871), 19–27. John Ma discusses the 'statue habit' at Priene, and the changes that it brought to the city's public spaces, in his magnificent *Statues and Cities: Honorific Portraits and Civic Identity in the Hellenistic World* (Oxford: Oxford University Press, 2013). The rise of the great civic benefactors of the later Hellenistic period is traced by Philippe Gauthier, *Les cités grecques et leurs bienfaiteurs* (Athens and Paris: de Boccard, 1985).

Publisher's acknowledgements

We are grateful for permission to include the following copyright material in this book:

'The Battle of Magnesia' from *Cavafy: Collected Poems, Oxford World Classics* translated by Evangelos Sachperoglou (2007) by kind permission of Oxford University Press.

The publisher and author have made every effort to trace and contact all copyright holders before publication. If notified, the publisher will be pleased to rectify any errors or omissions at the earliest opportunity.

“牛津通识读本”已出书目

古典哲学的趣味
人生的意义
文学理论入门
大众经济学
历史之源
设计，无处不在
生活中的心理学
政治的历史与边界
哲学的思与惑
资本主义
美国总统制
海德格尔
我们时代的伦理学
卡夫卡是谁
考古学的过去与未来
天文学简史
社会学的意识
康德
尼采
亚里士多德的世界
西方艺术新论
全球化面面观
简明逻辑学
法哲学：价值与事实
政治哲学与幸福根基
选择理论
后殖民主义与世界格局
福柯
缤纷的语言学
达达和超现实主义
佛学概论
维特根斯坦与哲学
科学哲学
印度哲学祛魅
克尔凯郭尔
科学革命
广告
数学
叔本华
笛卡尔
基督教神学
犹太人与犹太教
现代日本
罗兰·巴特
马基雅维里
全球经济史
进化
性存在
量子理论
牛顿新传
国际移民
哈贝马斯
医学伦理
黑格尔
地球
记忆
法律
中国文学
托克维尔
休谟
分子
法国大革命
民族主义
科幻作品
罗素
美国政党与选举
美国最高法院
纪录片
大萧条与罗斯福新政
领导力
无神论
罗马共和国
美国国会
民主
英格兰文学
现代主义
网络
自闭症
德里达
浪漫主义
批判理论

德国文学
戏剧
腐败
医事法
癌症
植物
法语文学
微观经济学
湖泊
拜占庭
司法心理学
发展
农业
特洛伊战争
巴比伦尼亚
河流
战争与技术
品牌学
数学简史
儿童心理学
时装
现代拉丁美洲文学
卢梭
隐私
电影音乐
抑郁症
传染病
希腊化时代
知识
环境伦理学
美国革命
元素周期表
人口学
社会心理学
动物
项目管理
美学
管理学
电影
俄罗斯文学
古典文学
大数据
洛克
幸福
免疫系统
银行学
景观设计学
神圣罗马帝国
大流行病
亚历山大大帝
气候
第二次世界大战
中世纪
工业革命
传记
公共管理